大学生のための
健康・スポーツの基礎知識

青木謙介・曽我部敦介 編著

創風社出版

はじめに

　「健康」や「スポーツ」は時代の今昔を問わず人類の関心事であり続けています。膨大な関連図書が出版され続けている中で、読者は何を手にしたらよいか混乱されているのではないでしょうか。本書は、生涯にわたって自他の健康を願いその支援者として、またスポーツ文化の享受者であり伝承者となられる大学生の皆さんを読者として想定し、競技力の向上とは別側面の健康・スポーツに関わる入門書として編集されたものです。執筆者は大枠で括れば「健康・スポーツに関わる研究者」達ですが、それぞれの専門分野は異なります。具体的には、健康教育学、スポーツ社会学、比較文化学、スポーツ心理学、運動生理学、武道論、レクリエーション学、アスレティックトレーニング学、スポーツ医学、体育科教育学、公衆衛生学、スポーツ経営学の研究者達です。このような領域の研究者達が最も得意とし大学生に伝えたい内容を厳選して第1講から第27講にまとめ解りやすく簡潔に解説しました。

　読者の皆さんには、本書をきっかけとし、さらに「健康」や「スポーツ」に関する知識を深め実践力を高めて頂き、「健康生活」「生涯スポーツ」の実践者、指導者となって頂きたいと願っております。第1講から第27講はそれぞれの領域の入り口に過ぎません。各自が興味関心を持たれた領域についてより深く掘り下げられた専門書が数多く出版されていますので、それらを俯瞰されバイブルとなるものを見出され「健康・スポーツ」の専門家へと成長されることを執筆者一同期待しております。

2019 年 12 月

聖カタリナ大学人間健康福祉学部健康スポーツ学科
学科長　桂　和仁

－ 目　次 －

健康観と健康づくり

【キーワード】　健康観　　国民生活　　健康づくり

【学習のポイント】
1．　WHO の健康憲章と生存権・健康権保障（憲法 25 条）
2．　社会のあり方と疾病構造の変化
3．　健康の自己責任とは何か

【権利としての健康と国民の暮らし】

　健康とは何かと問われれば、WHO（世界保健機関）の健康憲章のことを答える人が多い。つまり、WHOが 1946 年に定義した「健康とは、身体的、精神的、社会的に完全に良好な状態にあり、単に病気あるいは虚弱でないことではない」という健康の考え方である。これには理想的すぎるといった批判もあったが、健康は身体的状態だけでなく、精神的・社会的な状態も十分に考慮される必要があるという、健康の全体的な見方、考え方を示したことの意義は大きいものがあった。ただ WHO の基本理念は、「すべての人民の健康は、世界の平和と安全を達成する基礎」（憲章前文）であり、「すべての人民が、可能な最高の健康水準に到達すること」（第 1 条）を目標に、感染症や薬物乱用の対策、健康教育の推進、衛生統計の作成など、広い分野にわたって活動していることを知っている人は多いとはいえない。なぜなら、このような権利としての健康の考え方が生まれるまでに、人間らしく生きる権利をめぐる歴史的・社会的な背景があったという健康観の変遷を学んでいる人は必ずしも多くないという背景があるのだ。

　たとえば近代を生きた日本の人々は、資本主義の発展の裏で、コレラや痘瘡、発疹チフス、赤痢、疫痢、結核など伝染病に苦しんだ。昭和史の前半は、恐慌と 15 年にわたる戦争であった。この時代の最大の悲劇は、アジアの人々を戦争によって大量に殺害したことであり、また多くの日本人が、空襲や地上戦によってかけがえのない生命が奪われた。1945 年 8 月、広島、長崎に、原爆が投下されたことは悲劇の象徴であ

る。敗戦後も、日本は食糧難や外国からの帰還兵や引揚者とともに発疹チフスやコレラなどの伝染病が大流行し、また「国民病」と呼ばれた結核などに苦しめられた。

　こうした苦難の歴史的背景をもって、1947 年日本国憲法が誕生した。周知のように憲法第 25 条には、「すべて国民は、健康で文化的な最低限度の生活を営む権利を有する。

　②国は、すべての生活部面について、社会福祉、社会保障及び公衆衛生の向上及び増進に努めなければならない。」と謳われている。

　しかし、基本的人権としての健康に内容を与えるには、結核患者であった朝日茂の「人間裁判」といわれた闘いなど幾多の権利闘争が必要であった。朝日訴訟とは、1956 年に岡山療養所で結核治療中の朝日に医療扶助の一部負担を言い渡され、これを不服として厚生大臣（当時）を相手に起こした訴訟のことである。1960 年の第一審で勝訴。1963 年二審で敗訴。1967 年最高裁は原告の死亡で終わったと判決、真実を明らかにするのを避けた。しかしこの闘いの成果は、①具体的に生活基準を大幅に引き上げることができたこと、②権利意識の高揚、③社会保障運動の前進があげられる。

　1960 年代までの医学・医療は、乳幼児死亡、結核死亡に代表される感染症が最大の課題であった。しかし、これらの疾病は、抗生物質・化学療法剤の開発、公衆衛生の普及、社会保障の拡大によってかなり克服され、戦後の日本は世界一の長寿国になった。子どもたちの健康問題は、経済的な発展の兆しと環境的な復

興の進展により、感染症や急性疾患の時代を克服しようとしている。しかし、貧困や不衛生環境に起因する感染症的なものから、代わって虫歯や近視、肥満、気管支喘息、腎臓疾患、アレルギー疾患といった非感染性の慢性疾患が徐々に問題になってきた。成人もがんや脳血管疾患、虚血性心疾患、糖尿病、肝硬変などの非感染性の慢性疾患が死因構造を大きく変え、また"寝たきり老人"、認知症や難病患者の増加など、疾病構造の質的転換をもたらした。一方、1960〜70年代、自然を無視した乱開発は地域に環境破壊をもたらし、全国各地で公害反対の住民運動が展開した。労働者には過酷な労働を強制し、「過労死・過労自殺」が社会問題となった。また、医療技術革新、医療保障の拡大、労働・生活条件の変貌は、病人のQOL(生活・人生の質)を向上させた反面、社会病（労災・職業病、薬害、医療事故、公害）も増大させた。経済格差の下では「低所得の人の死亡率は、高所得の人のおよそ3倍」（『健康格差　あなたの寿命は社会が決める』）といわれるいのち・健康の格差社会になり、飽食の結果としての慢性疾患も「生活習慣病」といわれるようになった。

こうした状況に鑑み2000年にスタートした「健康日本21」（21世紀における国民健康づくり運動）を掲げる日本は、「健康増進法」（2002）を制定した。ただこの政策は、健康の自己責任の明確化を強調している。すなわち第2条には、「国民は、健康な生活習慣の重要性に対する関心と理解を深め、生涯にわたって、自らの健康状態を自覚するとともに、健康の増進に努めなければならない」と健康づくりは国民の責務として示している。国は国民の自己責任を問う前に、憲法25条にあるように国民の健康を維持・増進させるための責務を明確化させることが必要であるが、第3条には、「国及び地方公共団体は、教育活動及び広報活動を通じた健康の増進に関する正しい知識の普及、健康の増進に関する情報の収集、整理、分析及び提供並びに研究の推進並びに健康の増進に係る人材の養成及び資質の向上を図るとともに、健康増進事業実施者その他の関係者に対し、必要な技術的援助を与えることに努めなければならない。」と定められており、憲法の生存権・健康権保障とは程遠い内容になっている。

これに呼応して「健康・病気・けがも自分のこと、自分のいのち・健康は自分で守れ」とか「病気になったのは、自分の責任」という言い方がよくされる。こうした常識のようになっている病気の原因を一人ひとりに求める考え方は、「疾病の自己責任論」とよばれる。しかし、この考え方には重大な限界がある。健康問題の中には、個人的要因以上に、社会的要因や公的責任が問われなければならないものがたくさんある。例えば、近年大きな社会問題となった「薬害エイズ」は、血友病患者にHIV（エイズ・ウイルス）で汚染された非加熱血液製剤が投与されることで、大量のHIV感染者とエイズ患者を生んだ問題である。その決定な要因は、感染の危険性を知りながら安全な製剤への切り替えを怠った製薬企業と医薬品行政のあり方であった。

このように健康は、個人的なものであると同時に社会からの制約を強く受けている。個人の養生、不注意、体質などに関係する一方で、社会での環境や労働・生活条件に大きく左右されている。このことは1995年1月17日の阪神・淡路大震災や2011年3月11日の東日本大震災の被害と復興のプロセスを見ればよくわかる。それ故健康を維持し、改善するためには、主体要因と環境要因の変革が必要になってくる。また地域社会で私たちの健康を守るには、市民の連帯した行動が力になる。もちろん働く者にとっては職場の労働条件の改善がカギになる。このように考えると、現代は個人的・社会的な条件を変えていく以外に、健康を守ることは困難であるといえよう。

今日の健康は、水と大気・土壌などの自然条件、緑や居住環境など社会環境に大きく影響されている。また労働条件や家族関係、地域の人間関係などにも影響される。だから健康問題には、一人ひとりの健康への取り組みが基本となって、健康で豊かな健康づくりと、病気にならない社会を築くこと、病気になっても安心できる地域社会づくりが求められる。病気になっても安心できる社会とは、学習と医療・福祉の連携活動によって、良い医療と良い福祉をめざして活動することである。自分たちで生命を守った岩手県の沢内村（現西和賀町）や高知県西土佐村（現四万十市）の実践が示すように、実際の活動では、「大多数の人が参加して」

「一人ひとりの生き方を大切にしながら」「住民主体のもとに」なされることが大切である。

【現代を生きる人々の健康観と健康づくり】

　無数の人々の愛と労働によって手塩にかけて育てられた子どもたち。そのかけがえのないいのちと健康が脅かされかねない現代、日本の子ども・青年たちに健康認識をどう育てるか。健康認識を育てる際、次のような３つの観点を大事にしてきた。

　第一に、原則的には、からだ・健康は自らの生活の実践でつくり上げるものである。それ故、自己治癒力の形成にあたっては、日々の生活の積み重ねが大事になってくる。毎日何を食べ、どう運動・労働しているか、睡眠の質はどうか、排泄を含む生活のリズムはどうなっているかなど、現実生活からの出発が大事である。

　第二に、個人の健康への取り組みが大事だといっても原発震災でわかるように、からだや健康は自らの努力だけで守り育てることはできない。健康・安全は主体と環境の相互作用である。健康の権利といのちの連帯性の観点が欠如すれば、私たちは自己防衛の限界に気づくことなく、疾病の自己責任論に陥ってしまう。WHO(世界保健機関)の健康憲章や日本国憲法の第25条が謳っているように、健康で文化的な生活を享有することは国民の基本的な人権である。ただ、人間裁判の原告・朝日茂が言ったように「権利は闘う者の手にある」。健康を守り育てるためには、いのちを守る運動論は欠かすことができない。

　第三に、保健というものは、人間の生き方の一環としてあるものである。それ故、生き方と切り結んだ学習がなされる必要がある。何を、どれだけ否定して生きるかという価値観が問われることがある。現代は多様な価値観がある時代であるが、いのちの尊厳を守るということは普遍的な価値である。またLife(生命・生活・人生)の語源が一つであることを考える時、いのちとくらしと生き方とをつなぎながら、からだ観・健康認識を育てていかなければならない。

　この原則を生かせば、次の方法が導かれる。

① 　からだ・健康は日々の生活の中でつくられるものである。これまでの家庭や地域、学校の中での生活で、からだづくりにとって意味のある生活場面を取り戻そう。

② 　受け身の生活が多くなったために外界への働きかけの必然性がなくなった。便利な生活の中に、あえて「不自由さ」を作り出し、外界へ働きかける意欲をかきたてよう。

③ 　やる気が出るのは、めあてが出来そうなちょっと先にあるとき（発達の最近接領域）である。なぜそのことをしなければならないか意義を丁寧に語り合い、少しだけ難しいことに挑戦し、達成感を経験しよう。

④ 　5快―快食、快眠、快便、快動（働）、快笑―は健康のバロメーター。1日のスタートはさわやかな目覚めから。朝の生活を充実させ、大脳をしっかり目覚めさせよう。

⑤ 　微症状の変化を発見するためには、いつもの様子、それも良好な状態をよく知っていることは大切である。例えば、いつも正確に文字を書く人が間違い始めると、それは脳疲労の信号である。適当に休息をとろう。

⑥ 　空気や水、また寒さや暑さという四季の自然環境の変化に強いからだづくりをしよう。

⑦ 　環境づくりが生活に根づくには、持続性のあるもの、素人だけでやれるもの、喜びが感じられるもの、科学的に裏付けがあるものが必要である。

⑧ 　健康への関心は、本を読むだけではできない。普段の生活を真剣に生き、その中に問題を発見して、その解決を自分でするという姿勢が大切である。

⑨ 　私のからだは私のもの。自らの努力で健康を守り育てていかなければならない。しかし、健康を失う危険性が充満している現代は、個人的努力だけでは守りきれない。

⑩ 　WHO(世界保健機関)の健康憲章が謳っているように、最高水準の健康を享有することは、すべての人間の基本的人権の一つである。新しい健康観を持とう。

　では、健康づくりをどう具体化するか。食事、運動、不摂生，健診、転倒、興味・関心、趣味・日記、人間関係、若さ、ストレスがリズムよくうたわれている『認知症30か条』（岩波ブックレット）から、日々のあり方を考える上で、その予防10か条を引用しよう。

① 塩分と　脂肪控えて　バランスよく
② 歩こうよ　手足動かし　脳刺激
③ 深酒と　タバコやめれば　病なし
④ 習慣病　肥満に血圧　早めの一手
⑤ 気をつけよう　頭の打撲　引き金に
⑥ 好奇心　前向き人生　いつまでも
⑦ 考えて　まとめて表現　よい習慣
⑧ 細やかな　気配り欠かさず　お付き合い
⑨ 老け込むな　おしゃれ心を　忘れずに
⑩ くよくよと　考え込まず　ため込まず

　一歩ふみだせ
「まだまだ『輝き』へは遠い。しかし—
一歩踏み出せと、今、私は自分に伝えたい。
４階までの階段を軽やかにかけ上がることや
朝　少し早く起きること—
そんな小さいことでいい。
自分を変えるためには　ほんの小さいことでいい
昨日までの自分と違う私に出会うために
今、一歩ふみだそう。」（真由美）

【障害をもつ人たちの健康と発達保障】

　障害を持つ人たちの健康をどう考えたらいいか。そんな問いかけに答えてくれたのは、1980 年に WHO が発表した国際障害分類（ICIDH）であった。ICIDH モデルとは、「疾患・変調」を原因とし、「機能・形態障害」「能力障害」の３つを合わせた全体が「社会的不利益」に行き着くというモデルである。先天性四肢障害の子どもの事例に出会った際、その子の発達保障を考える上で意味ある概念であった。Ｋちゃんは、家族のかわいそうだからさせないという経験不足から能

力障害を引き起こしたケースであった。しかし、発達の主体は子ども自身であることを確認し、保育園で子ども集団の力や社会的ケアのも借りながら能力の獲得をめざし、彼の発達保障に寄与してきた経験がある。

　さらに、2001 年に WHO が発表した国際生活機能分類（ICF）による「障害」のとらえ方に出会って、考え方を深めることができた。ICF モデルによれば、生活機能とは生きることの全体を表し、「心身機能・構造」、「活動」、「参加」は生活機能の３つのレベルを示す。このモデルの大きな特徴は、ICIDH にはなかった「環境因子」を設けたことと、原因と展開を示す関係が一方向ではなく、双方向を向いていることである。このことによって障害のある人だけでなく、妊娠したり、怪我したり、高齢になった場合など、全ての人の生活機能について考えることができるようになった。

　動物と区別される人間の健康とは、「自然を変える労働・社会を変える社会的実践・自分自身を変える自己変革（発達）・そして人類の生み出した良きものを享受すること、こうした人間固有の活動が行えるような精神的・身体的・社会的な状態」（日野秀逸）と定義する考え方がある。また、「この子らを世の光に」という言葉で有名な福祉の糸賀一雄は、「どのように重い障害があろうとも、人間は同じである」。それは「自己実現しようとしている」こと、「生命の尊厳を願っている」こと。そして「生き甲斐を求めている」ことであるときわめて簡潔に人間について主張している。

　スポーツ活動中の事故で全身機能の麻痺になった星野富弘は、詩画に生きる楽しみを見出し、筆をくわえていのちの輝きを表現してきた。氏の詩画集『風の旅』がどれほど多くの人に生きる勇気を与えてきたか。障害をもつ人たちの生き方から学ばされるのである。

【さらに学びを深めるためのポイント】
１．私たちの健康づくり運動の実際を知ろう。
２．障害をもつ人たちと医療・福祉・教育との連帯について学びを深めよう。

【参考文献】
１）川上武編著：戦後日本病人史、農山漁村文化協会、2002
２）上田　敏：ICF(国際生活機能分類)の理解と活用、きょうされん、2005

山本万喜雄：聖カタリナ大学　人間健康福祉学部　健康スポーツ学科　教授

健康における課題のいま

【キーワード】　平均寿命　　超高齢社会　　2025年問題　　健康長寿社会

【学習のポイント】
1．日本人の平均寿命の推移と社会的影響について理解する。
2．超高齢社会における生き方について理解する。

【超高齢社会の課題（2025年問題）】

　2011年の時点で2050年のわが国の平均寿命は男性が81.0歳、女性が89.2歳になると言われていた。図1は平成に入ってからの平均寿命の推移を示している。平成になった1989年の平均寿命は男性が75.92歳、女性が81.90歳であった。2017年の時点で平均寿命は男性で81.09歳、女性で87.26歳であり、約30年間で男性が5.17歳、女性で5.36歳平均寿命が延びた。男性はすでに2011年時点の予測年齢に到達した。このことは、予測よりも高齢化が早まっていると考えられる。

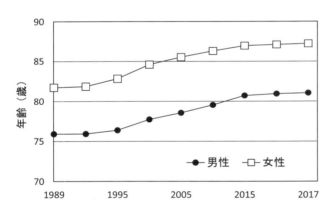

図1．平均寿命の推移（厚生労働省：平成29年簡易生命表の概況より）

　図2は100歳以上の高齢者人口の推移を示している。男性は1989年630人から2018年には8,331人、女性は2,448人から61,454人とそれぞれ13.3倍と25.1倍となり、特に女性の100歳以上人口の増加が著しい。このことは、高齢化率の上昇に影響を与えていると考えられる。平成の時代は予測よりも高齢化が加速、また高齢化率も早まるという超高齢社会を形成した。この状況が続くと令和の時代は、高齢化のスピード、率にさらに拍車がかかり、超超高齢社会の時代になると考えられる。

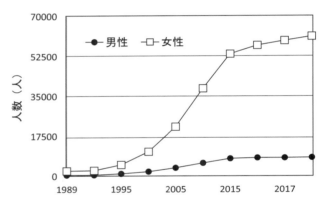

図2．100歳以上高齢者の推移（厚生労働者プレスリリース資料（2018）より）

　表1は厚生労働省による今後の高齢者人口の見通し示した。年々高齢者の数は増加するが2015年から2025年までの10年間で見ると65歳以上の高齢者人口が3.5％の増加するのに対して、75歳以上の高齢者人口は5.1％と大きく増加している。これは人口比率の最も高い「団塊の世代」と言われる世代が75歳の後期高齢者になるからである。このことが社会保障上の問題を引き起こす可能性があることから「2025年問題」といわれている。

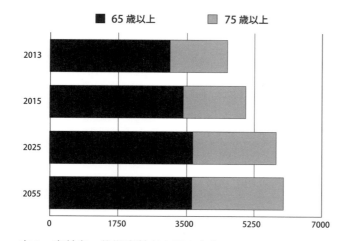

凡例: ■ 65 歳以上　■ 75 歳以上

（縦軸：2013, 2015, 2025, 2055）
（横軸：0, 1750, 3500, 5250, 7000）

表 1．高齢者、後期高齢者人口の変化
（今後の高齢者人口の見通しについて：厚生労働省より松波作図）

【人生 100 年、健康長寿社会の実現に向けて】

　このように平均寿命の延伸は、老年期の延伸を意味し、有疾患者や要介護者の増加を招き、QOL（生活の質）の低下や社会負担の増大の可能性を高める。しかしながら、高齢化が高まったとしても必ずしも有疾患者や要介護者が増加するとは限らない。私たちにできることは、老年期を元気で活き活きと過ごせる自立的寿命（健康寿命）を延ばすことである。図 3 は年齢にともなう自立度の変化パターンを男女別に示している。男性では 3 つのパターンが見られ、加齢にともない緩やかに自立度が低下するパターンの割合が多く全体の 70％を占めることが示されている。また、90 歳まで自立を維持する人も約 10％いることも示されている。一方で女性においては、緩やかに衰える人が全体の約 90％を占め、その要因としては運動機能の低下が示されている。このことから、これからの超高齢社会においては、加齢にともなう自立度を低下させないよう

な身体づくり、すなわち脚の筋力を中心とした運動機能を保持・増進することが大切である。

　健康日本 21（第 2 次）の目標に「共に支え合う社会づくり」が示されている。「天は自らを助くる者を助く」という格言がある。人生 100 年時代のこれから、他人に依存せず、自力を尽くして何歳になっても社会の一員として、「支え続ける」という積極的な視点で「健康づくり」を考えながら生きることが健康長寿社会の実現につながると考えられる。そのためには、①自分の健康は自分で守り、つくると考え、②健康に対する正しい知識を持ち、③日常の生活をより健康的なものにするための行動を主体的にとることが、人生 100 年時代の幸せな生活につながると考えられる。

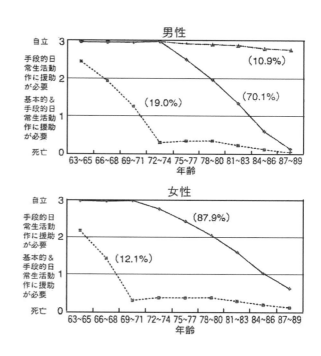

図 3．自立度の変化パターン（秋山弘子、2010）

【さらに学びを深めるためのポイント】

１．人生 100 年における課題とは何か。

２．健康寿命を延ばすために大切なことは何か。

【参考文献】
1）秋山　弘子：長寿時代の科学と社会の構想，科学，80（1），59-64，2000.
2）厚生労働省：平成 29 年簡易生命表の概況，2018.
3）厚生労働省：プレスリリース資料，2018.
4）厚生労働省，今後の高齢者人口の見通し：https://www.mhlw.go.jp/seisakunitsuite/bunya/hukushi_kaigo/kaigo_koureisha/chiiki-houkatsu/dl/link1-1.pdf

松波　勝：聖カタリナ大学　人間健康福祉学部　健康スポーツ学科　教授

運動不足と身体活動の必要性

【キーワード】　機械化・省力化　　自己家畜化現象　　慢性的不活動　　活動的生活習慣

【学習のポイント】
1．現代人が運動不足になった経緯と影響について理解する。
2．身体活動の必要性について理解する

【自己家畜化現象と運動不足】

　ヒトは元来、食糧を得るために野山を駆け回り果実や草水を採集し、また野生動物を捕まえる狩猟を行う活動的な生き物であった。すなわち、他の動物と同様、「生きる」ために活動していた（下図）。

図1．狩をする私たちの祖先

　しかし、文明の発達により機械化、省力化など生活環境が大きく変化した現代社会では、ヒトはカラダをあまり動かさなくても「生きる」ことができるようになった。このような快適な社会で過ごす私たちの状況は、野生から切り離し飼育されている「家畜」と同じであるとされ、また、ヒト自らが家畜のような状況を作っていることで「自己家畜化現象」と呼ばれている（尾本,2002）。ヒトが家畜化されるとどのようになるか。一番は「食糧確保」の心配がなくなる。すなわち、野生動物のように身体を動かし食糧の確保をしなくても済む。このことが、結果的に「運動不足」につながり、ヒトの身体能力の減弱化につながると考えられる。図2はヒトの外部環境と内部環境との関係性を示してい

る。図に示すように機械化、省力化、飽食、美食など生活環境の快適性が高まると、運動不足、肥満と私たちの身体の内部環境が損なわれてゆくことがわかる。従って、野生動物のように、「生きる」ために活動していれば、少なくとも運動不足や生活習慣病などに悩む必要はないと考えられる。

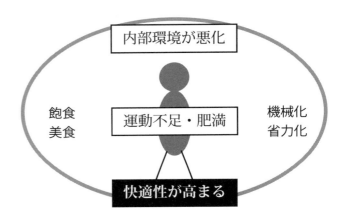

図2．快適性と内部環境の関係

【身体活動の必要性】

　2013年（平成25年）に内閣府が実施した体力・スポーツにおける世論調査1）では、74.7％の人が「運動不足」を感じており、女性の方が男性に比べてその割合が多い（図3）。年代別で見ると20歳代から50歳代で「運動不足」を感じる割合が多いことが報告されている。また、同調査では『運動不足を感じる人の割合』が年々増加し、一方「運動不足を感じない人の割合」が減少していることが報告されている。このことから、私たちが暮らす生活において、「運動不足の状態が高まってきている」と考えることができる。このように運動不足という「身体活動」が足りない状

況、すなわち「慢性的不活動状態」な生活習慣は、メタボリックシンドロームといった心血管系疾患、ロコモティブシンドロームといった筋骨格系障害、糖尿病といった代謝性障害やガンなどといった、私たちの健康に思わしくない影響を招く原因となる。また、エイジング（加齢）によりカラダの諸機能が衰える（老化）ということは、ゆるぎない「真理」である。その流れの中で、カラダを動かさないという状態は、長年、乗っている愛車をメインテナンスすることなく、最終的には動かなくなるという結末に似て非なると考えられる（すなわち健康でなくなる）。従って、身体を動かすということはボディメインテナンスすることであり、身体とコミュニケーションを取りながら状態を確認する作業であると考えられる。中国の古典にこのような言葉がある。「我を亡ぼす者は我なり。人、自ら亡ぼさずんば、誰か能く之を亡ぼさん」（呻吟語）。すなわち、元気で活き活きとした人生を過ごすのも自分次第ということになる。自己家畜化した現代社会において定期的な身体活動は「活き活きとした人生」を過ごす必要不可欠な生活習慣であると考えられる。

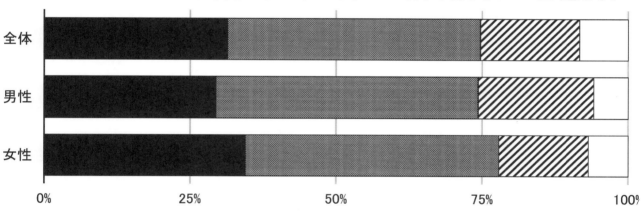

■大いに感じる　▨ある程度感じる　▨わからない　▨あまり感じない　□全く感じない

図３．運動不足を感じるか（内閣府、体力・スポーツに関する世論調査、2013 年）

【さらに学びを深めるためのポイント】
１．活動的生活習慣から得られること。
２．健康運動指導者として身体を動かす働きかけで大切なことは何か。

【参考文献】
１）尾本恵一，人類の自己家畜化と現代，人文書院，2002.
２）内閣府，体力・スポーツに関する世論調査，2013.
３）（公財）日本スポーツ協会，公認スポーツ養成テキスト共通科目Ⅱ，2019.

松波　勝：聖カタリナ大学　人間健康福祉学部　健康スポーツ学科　教授

心臓を鍛えよう

【キーワード】　加齢　　心拍出量　　心拍数　　1回拍出量　　最高心拍数

【学習のポイント】
1．心臓の働きとその因子について理解する
2．心臓の力と健康・体力の関係について理解する
3．心臓の鍛えるために望ましい運動について理解する。

【加齢が心肺機能に与える影響】

　20歳以降、加齢（エイジング）により私たちの身体諸機能は変化していく（＝老化）。そのような状況で身体はどのような影響を受けるだろうか。表1は加齢による心肺機能の変化を示している。加齢にともない私たちの心肺機能の働きが低下することがわかる。このことが体力の指標である最大酸素摂取量の減少を引き起こし、結果として回復にかかる時間の延長につながると考えられる。

表1．加齢による心肺機能の変化
（健康運動実践指導者養成用テキストから松波作表）

諸機能	加齢による変化
安静時心拍数	変化なし
最大心拍数	減少
最大心拍出量	減少
血圧（安静時）	上昇
肺活量	減少
残気量	増加
最大酸素摂取量	減少
回復時間	延長

【運動不足と心臓の働き】

　私たちの身体は、「恒常性」と「適応」によって、常にコントロールされている。刺激によって働きが高まり（適応）、逆に刺激がないと働きが低下し、その状態を維持しようとする（恒常性）。身体を動かさなくなるとと刺激がなくなり様々な身体の働きが低下した状態になる。ただでさえ加齢により心肺機能の働きは低下する状況で、運動不足はますます心臓の働きが低下させることになる。ここでは運動不足と心臓の働きの関係について考えてゆく。

1）心臓は働きもの（心臓の仕組み）

　身体を動かすとは、骨格筋という筋肉を使うことである（筋活動）。その筋肉を使う（収縮）ためには、酸素が必要である。酸素は心臓の収縮・拡張（ポンプ作用）によって筋肉に送られる。この1回の収縮・拡張を「心拍」といい。1分間あたりの心拍を「心拍数」という。心臓は24時間休むことなく働き続けている。仮に1分間の心拍数を70回とすると、1日に約10万回、収縮・拡張を繰り返している。また、1回の「心拍」で心臓から約70mlの血液が送り出されている（これを「1回拍出量」という）。1分間に心臓から送り出される血液量を「心拍出量」といい以下の式で表すことができる。

心拍出量＝1回拍出量（ml）×心拍数（回/分）

上記の式から、心臓は安静時に1分間に約5Lの血液を送り出していることになる。そして、1日に約7200L、全身に血液を送り出している。それは2Lのペットボトル約3,600本分に相当する。このように私たちの心臓は全身に酸素を送るために24時間休むことなき動き続けている非常に働き者であることがわかる。従って、酸素が必要な筋活動を行うと心臓に刺激を与えることができる。

２）心臓の力と健康・体力

運動不足の状態になると、筋肉を使わずあまり酸素が必要でないので心臓に刺激が与えられない。そうすると心臓の収縮力が弱くなり、１回拍出量が低下する。前述したように、安静時には１分間に約５Ｌの血液が必要である。以下の式は一般成人、運動不足者、運動実践者の安静時心拍数を示している。運動不足でない一般成人者は安静時の１回拍出量は約70mlとされているので、約５Ｌの心拍出量を確保するためには心拍数は約71拍／分となる。しかし、運動不足の状態が続き心臓のポンプ力が低下して１回拍出量60mlに減少すると心拍数は約83拍／分となる。その差は、約12拍／分となる。従って、運度不足者は安静時の心拍数を増加させ、心臓により仕事（収縮）をさせることになる。

一般成人者

心拍出量（5000ml）÷１回拍出量（70ml）**＝約71拍／分**

運動不足者

心拍出量（5000ml）÷１回拍出量（60ml）**＝約83拍／分**

運動実践者

心拍出量（5000ml）÷１回拍出量（80ml）**＝約63拍／分**

一方、運動実践者は運動により適度な刺激を心臓に与えることで心臓のポンプ力が強化されると、結果として１回拍出量が増加し、１分間の心拍数は63拍／分と低下する。運動不足者の心拍数と比較すると１分間に約20拍の差となる。従って、安静時の心拍数は「心臓の働き」の優劣を示していることになる。日常的にランニングを実施している成人男性の睡眠時、安静時の心拍数は50拍／分とすると、運動不足者と比較したとき、１分間で約30回、１日にすると約43,200回、心臓の仕事を節約することができる。従って、運動を実践することは、私たちの生命の源である「心臓にやさしい」取り組みであります。さらに、１分間の安静時心拍数が低いことは、最高心拍数に対する余力があるといえる。最高心拍数は220－年齢で示され、20歳の成人であれば最大心拍数は200拍／

分となる。例えばＡくん、Ｂくんの安静時心拍数はそれぞれ80拍／分と60拍／分とすると、Ａくんの最高心拍数に対する余力は120拍／分、Ｂくんは140拍／分となる。では、最高心拍数の50％の適度な運動を行う際に必要な目標心拍数はいくらになるでしょうか？以下の式で求めることができます。

目標心拍数（その運動強度に必要な心拍数）＝（余力（最高心拍数－安静時心拍数）×運動強度（％））＋安静時心拍数・・・（１）

前述の式を運動生理学では「カルボーネン法」といい、個々人の心臓の能力に応じた目標設定に用いられています。（１）式に先ほどのＡくん、Ｂくんの値をいれて計算をすると、以下のようになります。

Ａくんの目標運動心拍数

〔{(220-20)-80} ×0.5〕＋80 ＝ **140拍／分**

Ｂくんの目標運動心拍数

〔{(220-20)-70} ×0.5〕＋70 ＝ 130拍／分

計算の結果から最高心拍数が同じでも安静時心拍数の低いＢくんは心臓の余力が大きくＡくんよりも低い心拍数で同強度の運動を行えることになります。従って、安静時心拍数が低いということは、運動中も「心臓にやさしい」ということになり、また、Ａくんよりも最高心拍数に対して10拍余裕があるので、Ａくんよりも強度の高い運動が可能となります。よってＢくんの体力（持久力）が優れているということになりまがす。このように、安静時心拍数は心臓の働きと体力（持久力）の状態を簡便に知ることができます。心臓の能力は健康の維持だけでなく、「いざ」という時の対応にも影響を与えるので、その観点からも身体活動（筋活動）を積極的に行い、適度に心臓に刺激を与えることは非常に大切なことであるといえます。

【心臓を鍛えよう！―心臓の強化と健康】

心臓の力を高めることは、日常生活における身体メインテナンス、身体活動能力の向上につながります。

図1は心臓の働きからみたを鍛えることによる健康への影響を示しました。図からもわかるように加齢にともなう様々な疾病や疾患は心臓を刺激すればおおよそ解決可能であると考えることができます。

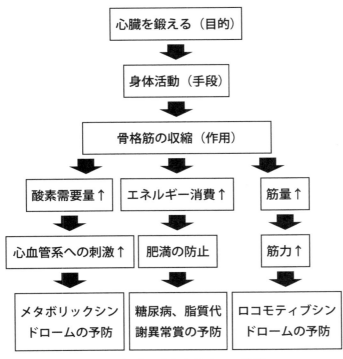

図1. 心臓の強化と健康への影響

図2. ウォーキングの様子

【どんな活動が望ましい】

　心臓に刺激を与えるために望ましい活動とはどのような活動でしょうか。健康への影響から考えると以下のような運動が望ましいと考えられます。

　①有酸素運動
　②大筋群を利用した長時間運動
　③下肢に刺激が与えられる運動

　上記の条件に適切な運動としては「下肢」を中心に動かすような運動が望ましいと考えられます。なぜならば、下肢は身体の中でサイズの大きな筋群が集まっている場所だからです。大きな筋群を動かすことで、酸素の必要量も増し、また、長時間活動することでエネルギー消費量も高まります。そして、下肢筋群の筋機能が高まり、歩行能力が改善されます。

　従って、「ウォーキング」や「ジョギング」、「エアロビックダンス」など下肢筋群を使用する運動で心臓を鍛えることは、健康を維持するために望ましい活動と言えます。

【身体は冷えた鉄にはならない】

　図2は誕生から死までの体力・運動能力の変化を示しています。私たちの体力・運動能力は青年期に向かって向上（成長）し，青年期をピークに加齢とともに坂を転がるように低下してゆきます（老化）。しかしながら、坂の途中（中年期）であっても身体に働きかけ（刺激）ることで転がりを抑えることが可能です。「恒常性」と「適応」というシステムはいくつになっても働くので、私たちの身体は冷えた鉄にはなりません。

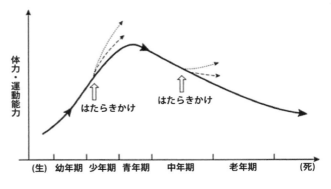

図3. 加齢と体力・運動能力の変化（沢井、2006）

　有名な哲学者であるプラトンは「身体活動の欠如は、人間の良好な状態を損なってしまうが、身体を動かすことは人間を救い、助け守る」と示しています。何歳になっても身体を動かし心臓を鍛えることは、身体の良好な状態を保持し、健やかに老いるという「極老」を実現してくれるでしょう。

【さらに学びを深めるためのポイント】
1．運動時の心臓の働きはどのように変化するか？
2．心臓に刺激を与える適切な運動強度はどれくらいか？

【参考文献】
1）（公財）健康・体力づくり事業財団：健康運動実践指導者養成用テキスト，南江堂，2018.
2）宮下　充正：年齢に応じた運動のすすめ，杏林書院，2004.
3）沢井　史穂：健康スポーツのすすめ，日本評論社,2006.
4）Wen C.P., Wai, J.P.M., Tsai M.K., Chen C.H.：Minimal Amount of Exercise to Prolong Life: To Walk, to Run, or Just Mix It Up?.J. American College of Cardiology, 64(5), 482-484, 2014.

松波　勝：聖カタリナ大学　人間健康福祉学部　健康スポーツ学科　教授

水泳・水中運動の科学

【キーワード】　水の物理的特性　　水圧　　浮力　　水温　　抵抗

【学習のポイント】
　1．水の物理的特性について理解する。
　2．水の物理的特性が身体に与える影響ついて理解する。

【水泳・水中運動とは】

　水泳は水面に対して水平姿勢で水中を移動する運動であり、水中運動は頭部を浸水させずに水面に対して垂直の立位姿勢で行う運動全般のことである。水泳では速く泳ぐために抵抗の少ない水中姿勢、大きな推進力の発生などが重要である。一方、水中運動では健康・体力づくりのために様々な水の特性が身体に与える影響を利用して行われている。

【水の物理的特性と身体への影響】

水の特性は以下 6 つ分類される。①〜③はヒトが水に浸漬することで受ける静的特性であり、④〜⑥はヒトが水中を移動する際に発生する動的特性である。このようにヒトは水中環境で陸上とは異なる影響を受けながら活動を行っている。ここでは、水中運動に大きく関わる①〜④の水の特性が及ぼす影響について解説する。

静的特性	動的特性
①水圧	④抵抗
②浮力	⑤推進力
③水温	⑥揚力

①水圧が及ぼす身体への影響

　水泳・水中運動を実施するとき、胸部に 0.03 〜 0.05 気圧の力がかかる。そのため首まで水中に浸かると肺活量が 9％減少する。このことから、水中では陸上に比べ呼吸に対する負荷がかかっている状態になり呼吸筋が鍛えられ、呼吸機能が改善される。また、水圧は水深が深くなればなるほど大きくなる。垂直姿勢で水中にいる場合、胸部より足先の方により大きな水圧がかかる（図 1）。

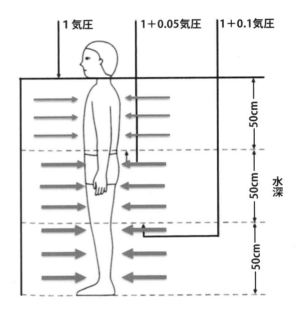

図 1．水深と水圧の大きさ
　　（健康運動指導士養成講座テキストから松波作図）

　このことから、筋ポンプ作用（静脈還流）が促進され、下肢に滞留している静脈血が心臓に戻りやすくなる。そして、着圧タイツのように下肢のむくみが改善される効果がある。さらに、筋ポンプ作用の促進は、心臓に戻る帰還血流量を増やすことから、1 回拍出量が増加する（スターリング効果）。このことから水中における心拍数が陸上よりも 10 〜 12 拍 / 分減少する。従って、水中運動時に測定した心拍数は陸上に比べて過小評価されるので、運動強度の設定や評価には注意が必要となる。さらに、水圧は排尿にも影響を及ぼす。図 2 は水中に浸かった時とそうでないときの

尿量と尿意感の違いを調べた結果である。図に示されているように陸上と比べて尿量や尿意感が水中では増加することが明らかである。これは水中に浸漬すると負荷される水圧によって組織の細胞内液が絞り出されて、循環血液量を増大させる（毛細血管への体液移入）。その結果、心房性ナトリウム利尿ペプチド（ANP）の分泌促進により陸上に比べて排尿が促進されるためである。それにともない尿意感も有意に増加すると考えられる。

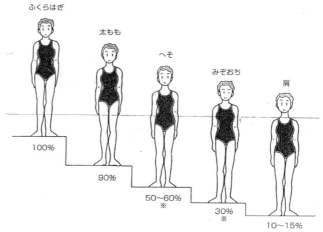

※水中ウォーキングに適した水深

図3. 水深と浮力による免荷

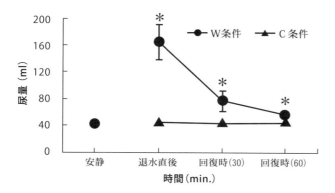

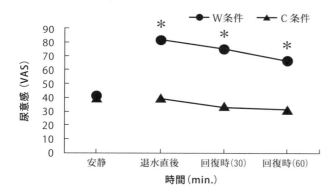

図2. 陸上と水中の座位安静時における尿量と尿意感の
　　　経時的変化（和田ら、2013）

②浮力が及ぼす身体への影響

　身体が水中に浸かると重力と反対の方向に「浮力」という力を受ける。「浮力」の大きさは、水中にある物体が押しのけた水の体積（重さ）に等しい（アルキメデスの原理）。従って、水に浸かると「浮力」の影響で身体が軽くなった様に感じられる。図1は水に浸かった位置と「浮力」による免荷との関係を示している。

　図にあるようにおへそまで水に浸かると50～60％体重を軽減することができる。このことから、水中での運動は浮力により次のような利点がある。
　①下肢関節にかかる重力が軽減できる。
　②浮力により関節可動域が広がる。
　③転倒による危険性が低い。
　①では、水中での体重が軽くなることで、走ったり、ジャンプしたりする際、下肢が水底から受ける力が軽減される。また、過体重の人、下肢に障害がある人でも下肢に負担をかけることなく運動ができる。②では、陸上と比べて可動範囲の広い動きができる。例えば、肩関節の水平伸展運動において、水中での方が伸展域は広がる。このことから、可動域の広がる水中でのストレッチングは陸上よりも効果的であると考えられる。③では、水中の場合、転倒の恐れがあっても陸上のように大きな衝撃を受けることはない。このことから、陸上での歩行に不安がある人でも転倒によるケガの不安を感じず、運動が実施できる。

③水温が及ぼす身体への影響

　水の熱が伝わる速さ（熱伝導率）は空気の約25倍とされ、水中では陸上に比べて容易に熱が奪われる環境にある。図2は、30℃という同じ環境温度おいて、500Wの熱産生に対してどのような手段で熱が放散されているかを陸上と水中で比較した結果である(Nielsen, 1978)。斜線に示されているように水中では

環境温による強制的な熱の奪われ方が大きいことが分かる。このことが、陸上と同じ30℃という温度でも陸上では「寒い」と感じないが、水中では「寒い」と感じるのである。

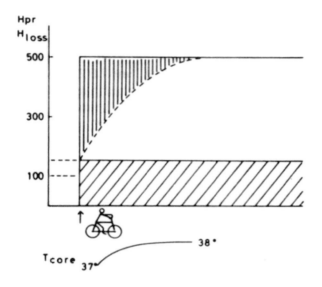

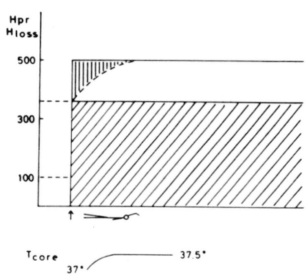

図4．環境温度（30℃）における運動時の熱放散の比較
（上図：陸上、下図：水中）(Nielsen, 1978)

体温と体温変化の関係を図3に示した（Pugh と Edholm, 1955）。水温24.2℃以下では泳いでいても時間とともに体温が急激に低下し、水温が低いほどその低下の程度は大きく，水泳持続時間も短くなることが示されている。また、水温、浸漬時間と熱放散量の関係では、水温が低くなればなるほど、浸漬時間が長くなればなるほど熱の損失量は大きくなり、水温

が32℃でも60分浸漬していると28℃で30分浸漬しているのとほぼ同等の熱が奪われていることが明らかにされている（Craig ら，1974）。学習指導要領における水泳指導の手引き三訂版(2014)において、低学年や初心者は学習効果を考えた場合、水温23℃以上が望ましいとされているが、より体温低下を引き起こさないためにも24℃以上あることが望ましい環境であると考えられる。また、水中運動では水温30℃が適切な水温であることが示されている。しかしながら水温がある程度高くても体温以下の水温では熱損失があるので活動時間に配慮する必要があると考えられる。

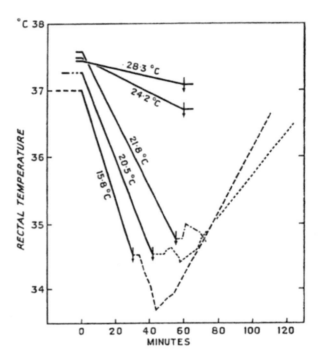

図5．異なる水温における水泳中の体温変化と水泳時間
（0：入水時間、↓：退水時間）(Pugh と Edholm, 1955)

水温32℃以下では寒冷刺激により「ふるえ」が起こることが明らかにされている（Craig ら，1968）。身体から熱が奪われてゆくことで、体内で熱を産み出して、体温を維持しようとする仕組みが働く（体温調節反応）。水泳をすると「風邪をひきにくくなる」というのは、このように水温による寒冷刺激により体温調節の働きが高められるからである。さらに水中では、陸上に比べて酸素摂取量の大きいことが示されている（McArdle と Magel,1976）。そして、水温の低

下に伴い酸素摂取量は増加し、水温が低下すればするほどエネルギー代謝が高まるとされている（CraigとDvorak,1966）。従って、熱伝導率の高い水中では同じ温度でも陸上に比べてエネルギーを消費しやすい状態にある。

　一方で、近年、災害級の高温環境により水中での活動が制限されるような状況が発生している。水中では伝導・対流による熱放散の占める割合が大きい。Nielsen (1978) は、産熱量と放熱量の収支バランスが崩れ、運動中に体温上昇が起こる臨界水温を予想している。例えば、酸素摂取量 3L/ 分（クロールだと50m を約 43 秒ペース（11 メッツ））で泳いだ場合、最低 5℃の温度差が必要となることを示している。すなわち体温を 37℃とすると 32℃が泳ぐ際の上限水温となり、この水温以上で泳ぐと産熱が放熱を上回り体温の上昇が生じ、長く泳ぎ続けることができなくなるとしている。さらに、34℃以上の水温で泳いだ場合、体温が上昇し約 30 分で危険な状態になることも示している。すなわち熱中症のような状態になると考えられる。従って、泳ぐ場合は 32℃以下が望ましいと水温と考えられる。さらに、運動強度の比較的高い水泳トレーニングなどを行う時には、運動強度の増加に伴い熱の産生が高まり体温上昇も大きくなる。夏期の屋外プールのでは水温が 30℃を超える場合が多く水温が高い環境での水泳トレーニングはより深部体温の上昇と発汗による脱水を招く恐れがある（田井村ら,2012）。また、松波ら（2007）は着用するキャップのタイプによっては頭部温度の上昇を招くことを示している。これらのことから、高水温環境における水泳トレーニングでは、こまめな水分補給や着用するキャップにも注意するなどして、安全対策に注意を払う必要がある。

④抵抗が及ぼす身体への影響

　空気中（陸上）や水中を動く物体は、その進行方向と逆向きの抵抗という力を受ける。水の抵抗は空気と比べると約 800 倍とかなり大きい。このことから水中では「抵抗」の影響を大きく受ける。抵抗は以下の式から、投射断面積（A）に比例し、移動速度（V）の 2 乗に比例する。

$$抵抗 = 1/2 \times Cd \times p \times AV^2$$

（Cd: 抵抗係数, p: 水の密度 , A: 投射断面積 , V: 速度）

　図 5 は水中を移動する速度と抵抗の関係を示している。水中を速く移動すればするほど抵抗が大きくなることがわかる。

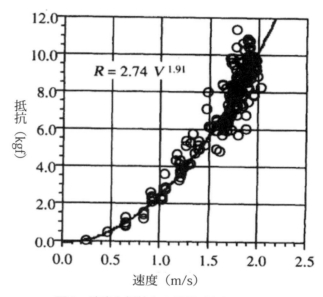

$$R = 2.74\ V^{1.91}$$

図 5. 速度と抵抗との関係（高木ら,1997）

　従って、タイムを競う競泳の場合は、大きな推進力を産み出し、できる限り水に当たる投射断面積を小さくして高速での抵抗を下げることが課題となる。一方で水中運動の場合は、投射断面積を大きくし、素早く動かすことで陸上よりも筋に負荷をかけることができ筋活動量を増やすことができる。水中では断面積や動作速度にともない変化する抵抗の影響を利用することで、手軽に負荷を調節しながら運動が行うことができる。具体的な負荷の調節としては、体力がある人は手掌を広げて、動かすスピードを速め、水中運動用のグローブをつけて水があたる面積を大きくする。一方で体力の低下した人では、ゆっくり動かしたり、手掌を握り拳にしたりして水があたる面積をできるだけ小さくしたり、体力レベルにあわせて負荷をコントロールする指導が大切である。さらに、抵抗が身体に与える影響としてはエネルギー消費量の増加がある。室温、水温とも同じ条件下において陸上と水中でのトレッドミル運動による酸素摂取量を比較したところ、水中の方が陸上に比べて同じ温度条件下で運動中の酸素摂

取量が高いことが明らかになった（小野寺ら,1992）。また、小野ら（2005）は、水中トレッドミル歩行とプール歩行におけるエネルギー代謝量を比較し、速度が高まれば高まるほど、プール歩行のエネルギー代謝量は大きく増加することを示し、さらに同一速度においてプール歩行の方が水中トレッドミル歩行に比べてエネルギー代謝の差が大きくなり、時速3kmではその差が約3倍にも及ぶことを示している（図5）。このように、水中では水の抵抗により、陸上に比べて遅い歩行速度でもある程度エネルギー消費が見込まれることから、一般的に健康運動として行われるプールでの水中ウォーキングは、健康維持・増進のために無理なく行える運動であるといえる。

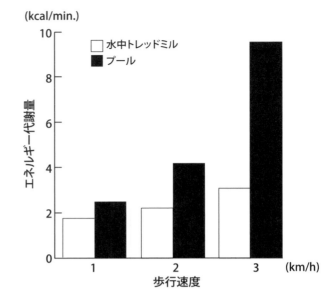

図5. 水中トレッドミル歩行時とプール歩行時のエネルギー代謝量の比較（小野ら，2005）

【さらに学びを深めるためのポイント】

1. 水中運動の効果
2. 水中運動の指導法

【参考・引用文献】
(1) Craig, A.B.,Dvorak, M, Thermal regulation during water immersion. J. Appl. Physiol. 21, 1577-1588, 1966.
(2) Craig, A.B.,Temperature regulation and immersion In: Hollander,A.P et al.(Eds.),Biomechanics and Mediceine in Swimming, pp.263-274.,1974.
(3) Matsunami, M. and Taimura, A.（2007）Influences of swimming caps on thermal responses of swimmers in two water temperatures. J. Physical fitness, nutrition and immunology.17(1)：23-30.
(4) 文部科学省，水泳指導の手引き（三訂版），pp.138-139, 2014.
(5) McArdle W.D.and Magel, J.R., Metabolic and cardiovascular adjustment to work in air and water at 18, 25, and 33℃. J. Appl. Physiol. 40：85-90,1976.
(6) Nielsen B., Physiology of thermoregulation during swimming, In：Eriksson B.and Furberg B.(Eds.) Swimming medicine IV. University Park Press, pp.297-304,1978.
(7) 小野 くみ子・伊藤 三千雄・川岡 臣昭・河野 寛・椎葉 大輔・妹尾 奈月・寺脇 史子・中嶋 雅子・西村 一樹・小野寺 昇,水中トレッドミル歩行およびプール歩行における心拍数,直腸温,酸素摂取量の変化. 川崎医療福祉学会誌，14(2)：323-330,2005.
(8) 小野寺 昇・木村 一彦,水の粘性抵抗が水中トレッドミル歩行中の心拍数と酸素摂取量に及ぼす影響. 宇宙航空環境医学 29,67-72,1992.
(9) Pugh L.G.C. and Edholm O.G., The physiology of channel swimmers, The lancet, 269：761-768,1955.
(10) 田井村 明博・松波 勝, 水泳・水中運動時の体温調節と水分摂取. トレーニング科学, 24（2）：133-138, 2012.
(11) 高木 英樹ら, 日本人競泳選手の抵抗係数, 体育学研究,41,484-491,1997.
(12) 和田拓真・斎藤辰哉・林聡太郎・高木祐介・野瀬由佳・小野寺昇,水中と陸上における座位安静時の尿量および尿意感の変化. 川崎医療福祉学会誌, 22(2)：224-230,2013.
(13)（公財）健康・体力づくり事業財団,健康運動指導士養成講習会テキスト（下）. 南光堂, 482, 2018.

松波　勝：聖カタリナ大学　人間健康福祉学部　健康スポーツ学科　教授

スポーツによるケガ

【キーワード】　スポーツ外傷　　スポーツ障害　　スポーツ整形外科的メディカルチェック

【学習のポイント】
1．スポーツ外傷・障害の定義
2．スポーツ外傷・障害の分類
3．スポーツ外傷・障害の症状

　スポーツの現場では様々なケガが発生する。ケガをすることにより、スポーツを行うことができなくなったり、パフォーマンスが低下してしまったり、身体機能が低下する可能性がある。スポーツによるケガを理解するためには、どのようなケガがあるのか、どのように発生するのか、何が原因で発生するのか、身体のどの部分に起きやすいのか、どのような症状がみられるのか、競技種目によりどのように違うのか、どうすれば予防できるのかといった事を学ぶ必要がある。

【スポーツ外傷・障害の定義】

　スポーツによるケガは、スポーツ外傷とスポーツ障害に分類される。スポーツ外傷は、1回もしくは数回の急激な外力が加わることによって生じる組織や器官の破綻である。スポーツ障害は、連続的かつ反復性の負荷が加わること、つまり使いすぎ（overuse）によって組織に炎症あるいは破綻が生じ、スポーツ活動に支障をきたすものである[1]。

【代表的なスポーツ外傷・障害】

　スポーツ外傷・障害を組織（器官）ごとに分類し表1に示す。また、部位ごとの代表例を表2に示す。

　筋におこるケガの代表例は筋挫傷（筋打撲傷）と肉離れである。（図1）筋挫傷とは、筋への直達外力による筋損傷であり、大腿四頭筋に多い。深部での筋断裂や出血が生じそこに肉芽組織が形成され、最終的に線維性の瘢痕組織となるが、時に骨化性筋炎を併発するため注意を要する[1]。肉離れとは、自らの筋力（拮抗筋の力）あるいは介達外力によって、抵抗下に筋が

過伸展されて発症するものである。肉離れを起こす筋の多くは羽状筋の形態をとっており、これが遠心性収縮により、筋腱移行部または腱膜で損傷する。ハムストリングスに最も多く、ついで下腿三頭筋、大腿四頭筋などに生じやすい[2]。肉離れは、損傷の程度や部位によって予後が大きく変わり、短期間で競技復帰できる場合から、数か月を要する場合まである。また、再発してしまう症例も多い。肉離れを起こした場合、医

表1　組織（器官）ごとのスポーツ外傷・障害

組織（器官）名		外傷	障害
筋・筋膜		挫傷・肉離れ・断裂	炎症
腱（腱鞘）・滑液包		損傷・断裂	炎症
骨端軟骨		損傷・離開	骨端症
骨・骨膜		骨折・打撲・骨膜損傷	疲労骨折・疲労性骨膜炎
関節	関節包・滑膜	損傷（捻挫）・断裂	炎症、反復性（亜）脱臼
	靭帯	損傷（捻挫）・断裂	炎症、靭帯不全症
	軟骨*	損傷	損傷、変性（関節症）
	骨	骨折（裂離・関節内）	炎症、骨壊死、変形
神経（脳・脊髄含む）		損傷	炎症、絞扼性神経障害
血管		損傷	炎症
皮膚・皮下組織		損傷	創瘢痕

＊半月板・関節唇・椎間板などを含む

日本スポーツ協会：公認スポーツ指導者養成テキスト　共通科目I
p.85 より引用

表2　部位ごとのスポーツ外傷・障害（代表例）

スポーツ外傷		スポーツ障害	
筋	肉離れ、筋挫傷	疲労骨折	大腿骨、膝蓋骨、脛骨、腓骨、中足骨、足根骨、尺骨、肋骨、骨盤、腰椎分離症
頚部	バーナー症候群、頚椎脱臼骨折、頚髄損傷	骨端症	Osgood-Schlatter病、Sever病、坐骨結節骨端症
上肢	投球骨折、ボクサー骨折、スキーヤー母指、槌指、ラガージャージ損傷	肩関節	投球障害肩、リトルリーガーズショルダー、上腕二頭筋長頭腱障害
骨盤剥離骨折		肘関節	野球肘、リトルリーガーズエルボー、上腕骨上顆炎、内側側副靭帯損傷
膝関節	前十字靭帯損傷、半月板損傷、膝蓋骨脱臼、	膝	ジャンパー膝、有痛性分裂膝蓋骨、腸脛靭帯炎、ランナー膝
下腿部足関節部	ブーツトップ骨折、アキレス腱断裂、足関節部の靭帯損傷、ターフトウ	下腿	シンスプリント
		足関節と足部	足関節インピンジメント症候群、アキレス腱炎、周囲炎・付着部炎、足底筋膜炎

中村利孝ほか：標準整形外科（第13版）スポーツと整形外科.
p.873 ～ 888 より作成

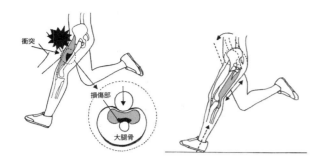

図1. 筋に起こるケガ　左：筋挫傷（筋打撲傷）右：肉離れ
奥脇透：筋損傷の診断と治療. 整形外科. 68(9):p.106 より改編

師による診断を受けた後、適切で十分なアスレティックリハビリテーションを行うことで再発のリスクを減らすことができる。

　関節に起こるケガの代表例は捻挫である。関節が生理的な範囲を超えて運動を強制された場合、関節包や靭帯が損傷されるが、関節の適合性が保たれている状態を捻挫とよぶ。捻挫は損傷の程度により3つに分類される[1]。

第1度捻挫：靭帯の一部線維の断裂で、関節包は温存されている。

第2度捻挫：靭帯の部分断裂で、関節包も損傷されることが多い。時には線維が引き伸ばされた状態になることもありうる。

第3度捻挫：靭帯の完全断裂で、関節包完全断裂を伴う。

　捻挫はスポーツ現場で頻繁にみられるケガであるが、症状があるにも関わらず無理にプレーを続けると、不安定性が強く残存し、関節の機能に障害をきたす場合がある。受傷後は、損傷部位の修復のために適切な保護をするとともに、周囲筋のトレーニングや固有受容器への刺激を行い機能の回復に努める必要がある。

　骨におこるケガの代表例は骨折である。骨が何らかの原因によって、その解剖学的な連続性を断たれた状態を骨折とよぶ[1]。骨折には強い外力が作用して起こるものや、繰り返しのストレスにより起こるもの（疲労骨折）、病的に脆弱化していることによって起こるもの（病的骨折）などがある。

【スポーツ外傷・障害の発生要因】

　スポーツによるケガには様々な発生要因が存在する。それらは内因性要素と外因性要素の大きく2つに分

類される。内因性要素は年齢、性別、柔軟性、アライメント、筋力などがある。外因性要素には、練習量、練習強度、練習方法、サーフェイス（地面、芝生、体育館の床面等）の状態、天候、シューズ、練習器具、種目特性などがある。内因性要素が大きく関わるケガとして、Osgood-Schlatter 病や Sever 病といった成長期に発症する骨端症があげられる。性別により発生率が異なり、女性に多いケガとして膝前十字靭帯損傷があげられる。外因性要素の中では、種目特性の関連が強く見られ、ケガの発生率が種目により異なる[3]。練習方法が不適切である場合や、練習量が多すぎる場合もケガが発生する。以前は、指導者それぞれが独自の練習方法を行うことや、長時間・過剰な負荷の練習を課すことが珍しくなかった。しかし近年は、各分野の専門家から科学的に立証された適切な練習方法が提示されるようになってきている。また、練習量を週間、月間、年間で把握し、ケガが起きないようコントロールすることも行われるようになっている。

【スポーツ外傷・障害の症状】

　スポーツ外傷とスポーツ障害の症状を表3に示した。スポーツによるケガは様々な症状を呈する。スポーツ外傷とスポーツ障害、ケガの程度により症状が異なるため、詳細な問診によりもれなく症状を聴取することが必要となる。症状を的確に把握することで、どの部位の、どの組織が、どの程度損傷してしまっているか、どの程度障害を受けているかを正確に判断する材

表3　スポーツ外傷・障害の症状

スポーツ外傷の症状	
局所症状	出血、疼痛、熱感、腫脹、変形など
理学的所見	疼痛部を中心とした圧痛、感覚障害、筋力低下、異常可動性
全身症状	疼痛、精神的動揺による1次性ショック、出血や体液喪失による2次性ショック、意識消失
合併症	感染、ショック、呼吸障害、腎障害、創傷遅延治癒、神経麻痺
スポーツ障害の症状	
局所症状	運動時の疼痛が持続　炎症所見は少ない（熱感や発赤はなく腫脹も軽微）
理学的所見	筋力低下　患部の圧痛
＊　平均治癒時間が外傷より長い	

日本体育協会編：アスレティックトレーナー専門科目テキスト2
スポーツ外傷・障害の基礎知識. p.3 より作成

料となる。また、安静時も症状があるか、活動中のみの症状なのか、活動後も症状があるのかといった、いつ症状があるかという事も重要となる。

【スポーツ外傷・障害の発生頻度】

　スポーツによるケガには、起きやすい部位、起きやすい種類があり、発生頻度が異なる。全国的なスポーツによるケガ（傷害）の発生頻度についてまとめた報告[6]によると、傷害部位の全損傷に対する割合は、手・指が21%と最も多く、以下、膝、足関節、頭頚部、足・指の順であった。同様に傷害の種類は骨折（31%）、捻挫（30%）で、これに打撲、靱帯損傷が続いている。重症例は全体の1%未満だが、突然死、脊髄損傷、脳損傷が申告されている。

　傷害部位と主な傷害の種類を見ると、全損傷の中で最も多いのが手・指の骨折（12%）で、捻挫・打撲や靱帯・腱損傷を含めた「突き指」としてみれば、全体の20%を占めている。次いで多かったのが足関節捻挫（11%）で、骨折や靱帯損傷を含めると全体の15%であった。その他に、頭頚部では眼部や歯牙の損傷および脳震盪を含めたその他が最も多く（5.0%）、打撲（2.9%）が次に多い。肘・前腕や足・指でも骨折（肘・前腕2.7%、足・指3.6%）が最も多く、膝関節では捻挫（3.9%）と靱帯損傷（2.5%）を合わせると6.4%と多くなっている。また大腿・下腿は筋腱損傷が多く（大腿1.3%、下腿2.2%）、それぞれの部位での損傷の特徴を表している。

<u>種目特性（スポーツごとの集計）</u>

　競技種目毎に運動様式や運動する環境が異なるため、ケガの発生部位や種類が異なる。ここではわが国で競技人口（スポーツ安全保険加入者数）の多い「サッカー」「野球」「バレーボール」を取りあげる。「スポーツ傷害統計データ集」[6]より、それぞれの種目に多いケガの部位と種類のうち上位3位までを表4に示し、特徴を下記に示した。

<u>サッカーのケガの特徴</u>

　下肢傷害の割合が50.2%、上肢が32.1%、頭頚部が8.6%である。部位と種類を掛け合わせると、足関節の捻挫（11.9%）が全傷害の中で最も多い。捻挫、靱帯損傷を合わせた割合は足関節が最も多く（14.2%）、次いで膝（6%）、足・指（3.1%）の順である。筋系損傷・肉離れは大腿部が44%を占め、下腿は32%である。脳震盪の発生割合は9.18件/10万人であり、全競技種目の平均（5.6件/10万人）よりも多い。ケガの発生原因は、全競技種目の結果と比較して非接触損傷の割合が低く、他者との接触の割合が多い。

<u>野球のケガの特徴</u>

　全競技種目と比較して、野球では「頭頚部の発生割合が20.2%と高い」、「上肢の発生割合が45.7%と高い」、「下肢の発生割合は26%と低い」という特徴がある。野球に特徴的な頭頚部や上肢のケガの種類を詳細にみると、全競技種目と比べて頭頚部では挫傷・打撲の割合が高く、肩・上腕では骨折・ヒビや挫傷・打撲の割合が高い。肘・前腕では骨折・ヒビの割合が高い。ケガの発生原因を見ると、障害物・飛来物・道具との接触による傷害発生が約半数を占める。このことから、頭頚部や肩・上腕の挫傷・打撲、手・指の骨折は、デッドボールや守備時などにボールと接触することで受傷している可能性がある。

<u>バレーボールのケガの特徴</u>

　部位とケガの種類を掛け合わせると、足関節捻挫（靱帯損傷を含めて19%）、突き指（骨折11%、捻挫8%等、合わせて20%）および膝の靱帯損傷（3.2%に捻挫6.4%を加えた9.6%）が代表的なバレーボールによるケガと考えられる。各部位でのケガの種類の割合を見ると、関節部の捻挫・靱帯損傷と、手・指の骨折が目立っていた。

　上記の通り、各スポーツ種目で発生しやすいケガが異なるため、必要な対処法も異なる。例えば、サッカーでは下肢の傷害が多く、その中でも足関節の捻挫が多

表4　競技種目ごとの障害部位と種類

		サッカー		野球		バレーボール	
部位	①	足関節	20.6%	手・指	26.3%	手・指	22.6%
	②	手・指	14.4%	頭部・顔面	19.3%	足関節	22.1%
	③	膝	11.5%	足関節	8.7%	膝	14.8%
種類	①	骨折	37.0%	骨折・ヒビ	35.7%	捻挫・突指	45.0%
	②	捻挫・突指	25.0%	挫傷・打撲	20.3%	骨折・ヒビ	18.4%
	③	挫傷・打撲	14.0%	捻挫・突指	17.8%	挫傷・打撲	9.2%
発生原因		他者との接触（41.5%）		物との接触（48.8%）		非接触（42.7%）	
		物との接触（20.7%）		非接触損傷（27.8%）		物との接触（27.8%）	
		非接触損傷（19.8%）		他者との接触（12.8%）		他者との接触（18.9%）	

福井徹：スポーツ傷害統計データ集. p.18～35、p.118,122,124より作成

い。芝生に足が引っかかっての受傷や、相手選手と交錯した際に捻挫をすることもある。普段からチューブを利用した足関節周囲筋のトレーニングを行い、テーピングやバンテージで足関節を保護しながらプレーする選手も多い。野球では、硬いボールが身体に接触することによるケガが多いため、ヘルメットやプロテクターを使用してプレーする必要がある。それらの用具も日々改良され、より安全性の高いものが開発されており、スポーツのケガを防ぐためには用具の安全性も重要な要素となる。また、野球では投球動作に関わるケガが多くみられる。その中でも、過重負荷（投げすぎ）により肩や肘にトラブルを抱えることが多い。特に身体機能が未成熟な小・中・高校年代では注意が必要である。バレーでは、高速で移動するボールを手で扱うため、手・指の骨折が非常に多く、テーピングにより固定・保護をしながらプレーする選手が多い。また、ジャンプ動作が多く、着地の際に足関節の捻挫をすることが多いため、注意が必要である。（ネット際で相手の足の上に乗ることもある）

【スポーツ外傷・障害の予防】

整形外科的メディカルチェック

　スポーツによるケガを防ぐためには、定期的に身体の状態（内因性要素）を評価し、問題があればできるだけ早期に対処することが重要である。1985年に中嶋[7]が「スポーツ整形外科的メディカルチェック」の概念を提唱し、現在広くスポーツ界に浸透している。概要は以下の通りである。

1. 全般的なチェック
●器官によるチェック：関節、筋肉、腱、骨
●個人を総合的に見た場合のチェック：過去のスポーツ歴、過去の外傷歴、年齢、性差、身長、体重、四肢のアライメント（図2）、looseness test（図3）

2. 身体部位別のチェック
●頚椎、上肢、（肩、肘）、腰椎、骨盤、下肢（股関節、大腿、膝関節、下腿）、足関節、足部の足指
　成長期のスポーツ競技者は筋・腱と骨の伸長速度の違いにより、様々なトラブルが発生しやすい。このようなトラブルを予防するため、中嶋[8]は、柔軟性を評価する「筋・腱のタイトネスチェック」を提唱して

いる。（図4）

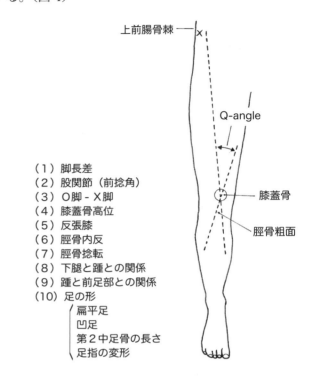

（1）脚長差
（2）股関節（前捻角）
（3）O脚 - X脚
（4）膝蓋骨高位
（5）反張膝
（6）脛骨内反
（7）脛骨捻転
（8）下腿と踵との関係
（9）踵と前足部との関係
（10）足の形
　　　扁平足
　　　凹足
　　　第2中足骨の長さ
　　　足指の変形

図2．下肢のアライメント

中嶋寛之：スポーツ整形外科的メディカルチェック．
p.738 図－9 より改編

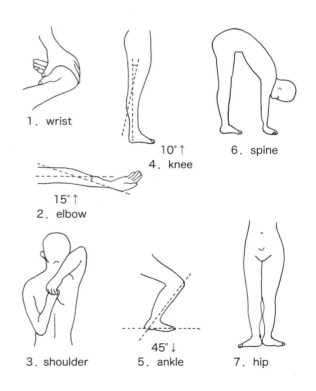

図3．looseness test

中嶋寛之：スポーツ整形外科的メディカルチェック．
p.737 図－4 より改編

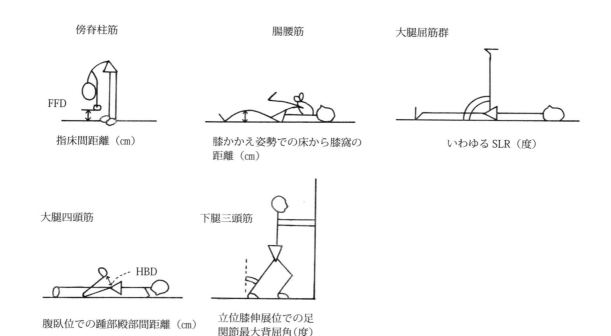

傍脊柱筋　　　　　　　　　　腸腰筋　　　　　　　　　　　　大腿屈筋群

指床間距離（cm）　　　　　膝かかえ姿勢での床から膝窩の　　いわゆる SLR（度）
　　　　　　　　　　　　　距離（cm）

大腿四頭筋　　　　　　　下腿三頭筋

腹臥位での踵部殿部間距離（cm）　　立位膝伸展位での足
　　　　　　　　　　　　　　　　関節最大背屈角(度)

図４．筋・腱のタイトネスチェック

中嶋寛之：発育期スポーツ競技者にみられる特徴．p.27 図６より改編

【さらに学びを深めるためのポイント】

１．スポーツ外傷・障害の発生要因

２．スポーツ外傷・障害の発生頻度

３．スポーツ外傷・障害の予防（メディカルチェック）

【参考・引用文献】
1) 中村利孝ほか：標準整形外科（第13版）．医学書院．2017
2) 奥脇透：筋損傷の診断と治療．整形外科．68‐9：1005‐1012．2017
3) 越智隆弘ほか：最新整形外科学体系「スポーツ傷害」．中山書店．2007
4) 公益財団法人 日本スポーツ協会：公認スポーツ指導者養成テキスト 共通科目Ⅰ．2019
5) 公益財団法人 日本体育協会：公認アスレティックトレーナー専門科目テキスト２スポーツ外傷・障害の基礎知識．2015
6) 福林徹ほか：スポーツ傷害 統計データ集．公益財団法人スポーツ安全協会 公益財団法人日本体育協会．2017
7) 中嶋寛之：スポーツ整形外科的メディカルチェック．臨床スポーツ医学．2(6)：735‐740．1985
8) 中嶋寛之：発育期スポーツ競技者にみられる特徴．関節外科 special．メディカルビュー社．20-28.1994,

鈴木茂久：聖カタリナ大学　人間健康福祉学部　健康スポーツ学科　講師

スポーツ現場における救急処置

【キーワード】　BLS　　CPR　　RICE 処置

> 【学習のポイント】
> 1．スポーツ現場で起こる事故
> 2．BLS とは
> 3．RICE 処置とは

【スポーツ現場で起こる事故】

　スポーツ現場では様々な事故による死亡事故やケガが発生する。スポーツ現場での事故は、地域スポーツクラブ等の活動中の事案をまとめた報告[1]と、学校でのスポーツ中（体育的部活動中）の事案をまとめた報告[2]がある。いずれも報告でも、死亡事故の原因で最も多いのは心臓・血管系であり、次いで頭部外傷が多くなっている。また、ケガで多いのは、捻挫、骨折、挫傷（打撲）である。スポーツ現場ではいつ上記のような事故に遭遇するかわからない。万が一、事故に遭遇した時のために、適切な救急処置の方法を知っておく必要がある。

【一次救命処置（BLS）】（basic life support）

　心停止や呼吸停止など生命の危機に瀕している傷病者を救命するためには、以下の4つの要素で構成される「救命の連鎖」が必要となる[3]。
①心停止の予防
②心停止の早期認識と通報
③一次救命処置「心肺蘇生（CPR）と AED」
④二次救命処置と心拍再開後の集中治療

　①心停止の予防は、心停止や呼吸停止となる可能性のある傷病を未然に防ぐことである。また、熱中症の予防や、運動中の心臓震盪を含む突然死予防も望まれる。②早期認識は、突然倒れた人や、反応のない人をみたら、ただちに心停止を疑うことで始まる。心停止の可能性を認識したら、応援を呼び、119番通報を行って、AED と蘇生機材を持った専門家や救助隊が少しでも早く到着するように努める。③一次救命処置は、

呼吸と循環をサポートする一連の処置であり、胸骨圧迫と人工呼吸による心肺蘇生（CPR）と AED の使用が含まれる。④二次救命処置は、BLS のみで心拍が再開しない患者に対して、薬物や医療機器を用いて行うものである。BLS の手順を図1に示す。

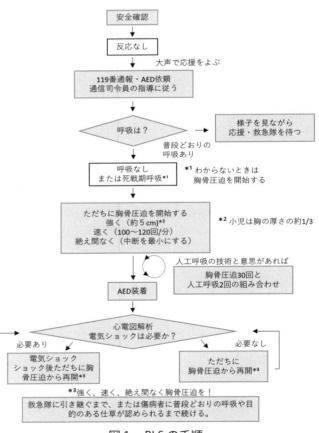

図1．BLS の手順
日本蘇生協議会「JRC ガイドライン 2015 オンライン版」p.7 より改編

心臓震盪

　近年、スポーツ現場で胸部への衝撃により心臓震盪が発生する事故が報告されている。心臓震盪とは、胸

部への鈍的外力により心室細動が発生することによる心臓突然停止である[4]。心臓震盪は、1990年代にMaronら[5]によって若年者のスポーツ活動中の突然死として報告された。その後Maron[6]は、若年アスリートの突然死の原因として、肥大型心筋症（26.4%）に次いで、心臓震盪（19.9%）が2番目に多いと報告している。わが国では、2002年に堀[7]によりスポーツ中の胸部打撲による突然死として心臓震盪が報告され、若年者の突然死の原因の1つとして認識されるようになっている。さらに、2009年に輿水[4]は、心臓震盪が心停止の原因と考えられる症例（25例）を集積し、その発生状況、年齢、予後等を詳細に報告している。その中で、心臓震盪からの社会復帰例はいずれもbystander CPR（電気的除細動含む）がなされていたと報告しており、心臓震盪に対する救急処置の重要性が示されている。

　スポーツ現場では、突然の心停止などの事故が起こり得るということを理解し、いざというときに迅速な対応を取れるように日頃から準備をする必要がある。近年、スポーツ現場のAED設置が進められている。しかし、初めて行く施設で活動する場合、事故が起こってからAEDを探していると貴重な時間を浪費してしまう。大規模なスポーツ施設で屋外と屋内の施設が隣接している場合、屋内の管理事務所等にのみAEDが設置されている場合も多い。スポーツ現場で活動する人は、どこにAEDが設置されているかを把握する習慣をつけるようにするべきである。

【頭部外傷】

　スポーツ現場では頭部に衝撃が加わることにより、重大な事故が発生することがある。頭のケガ全般を総称して頭部外傷という。頭部外傷のうち、脳の組織や血管が傷ついているものを脳損傷、おもに首から上への衝撃によって脳のはたらきが障害されることを脳振盪という。脳震盪ではCTなどの画像検査では明らかな異常が認められない[8]。　頭部外傷では、受傷直後は症状が軽く、受傷者本人が大丈夫といって競技を続行していても、のちに重大な後遺症を負い生命の危険にさらされることもある。また、繰り返される頭部外傷により重大な事故に発展することもある。頭部外傷

により起こりうる様々な症状を理解し、適切な対応をとる必要がある。日本臨床スポーツ医学会では「スポーツ現場で起こる頭部外傷にどのように対応すればよいか」を「頭部外傷10か条の提言」[8]としてまとめている。

①頭を強く打っていなくても安心はできない
②意識消失がなくても脳振盪である
③どのようなときに脳神経外科を受診するか
④搬送には厳重な注意が必要
⑤意識障害から回復しても要注意
⑥脳振盪後すぐにプレーに戻ってはいけない
⑦繰り返し受傷することがないよう注意が必要
⑧受診する医療機関を日頃から決めておこう
⑨体調がすぐれない選手は練習や試合に参加させない
⑩頭部外傷が多いスポーツでは脳のメディカルチェックを

　③に関しては、重篤な神経症状がみられる場合は、ただちに救急搬送する必要がある。また、受傷時の状況や受傷後の症状から、頭部への衝撃が強かったことが推測される場合は、症状が軽くても専門医の診察を受けた方がよい。注目すべき症状は以下の通りで、1.意識消失、2.健忘・記憶障害、3.頭痛、4.めまいやふらつき、5.麻痺（手足に力が入りにくい）、しびれ、6.性格の変化、認知障害　7.繰り返す脳振盪である。

　スポーツ現場で頭部に衝撃が加わり、脳振盪が疑われる場合、評価ツール（SCAT）を使用することが推奨される。日本サッカー協会や日本ラグビーフットボール協会は、HP上で実際の現場で使用できる評価ツールを紹介し[9]（図2）、脳振盪への指針を示している。評価ツールは随時アップデートされるため、常に最新の情報を確認する必要がある。

脳振盪からの段階的競技復帰

　スポーツによる脳震盪を起こしたら、原則として、ただちに競技・練習への参加を停止し、復帰は脳振盪の症状が完全に消失してから徐々に行う。各競技団体から脳震盪ガイドラインの段階的復帰プログラムが公表されており、脳震盪から競技復帰をする際には、プログラムを遵守して慎重に対応する必要がある。ここではサッカーの例[10]を示す。（表1）

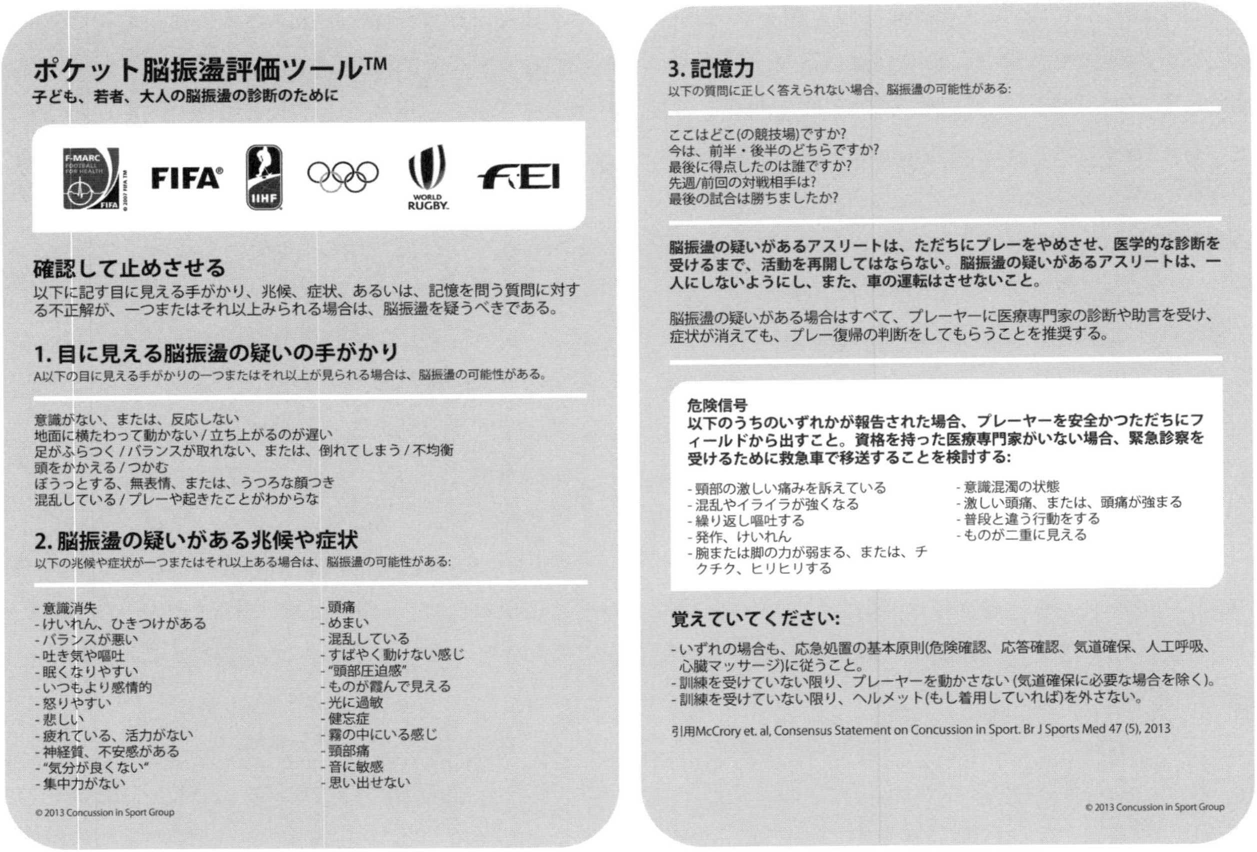

ポケット脳振盪評価ツール™
子ども、若者、大人の脳振盪の診断のために

確認して止めさせる
以下に記す目に見える手がかり、兆候、症状、あるいは、記憶を問う質問に対する不正解が、一つまたはそれ以上みられる場合は、脳振盪を疑うべきである。

1. 目に見える脳振盪の疑いの手がかり
A.以下の目に見える手がかりの一つまたはそれ以上が見られる場合は、脳振盪の可能性がある。

意識がない、または、反応しない
地面に横たわって動かない／立ち上がるのが遅い
足がふらつく／バランスが取れない、または、倒れてしまう／不均衡
頭をかかえる／つかむ
ぼうっとする、無表情、または、うつろな顔つき
混乱している／プレーや起きたことがわからな

2. 脳振盪の疑いがある兆候や症状
以下の兆候や症状が一つまたはそれ以上ある場合は、脳振盪の可能性がある：

- 意識消失
- けいれん、ひきつけがある
- バランスが悪い
- 吐き気や嘔吐
- 眠くなりやすい
- いつもより感情的
- 怒りやすい
- 悲しい
- 疲れている、活力がない
- 神経質、不安感がある
- "気分が良くない"
- 集中力がない

- 頭痛
- めまい
- 混乱している
- すばやく動けない感じ
- "頭部圧迫感"
- ものが霞んで見える
- 光に過敏
- 健忘症
- 霧の中にいる感じ
- 頸部痛
- 音に敏感
- 思い出せない

© 2013 Concussion in Sport Group

3. 記憶力
以下の質問に正しく答えられない場合、脳振盪の可能性がある：

ここはどこ(の競技場)ですか？
今は、前半・後半のどちらですか？
最後に得点したのは誰ですか？
先週/前回の対戦相手は？
最後の試合は勝ちましたか？

脳振盪の疑いがあるアスリートは、ただちにプレーをやめさせ、医学的な診断を受けるまで、活動を再開してはならない。脳振盪の疑いがあるアスリートは、一人にしないようにし、また、車の運転はさせないこと。

脳振盪の疑いがある場合はすべて、プレーヤーに医療専門家の診断や助言を受け、症状が消えても、プレー復帰の判断をしてもらうことを推奨する。

> **危険信号**
> 以下のうちのいずれかが報告された場合、プレーヤーを安全かつただちにフィールドから出すこと。資格を持った医療専門家がいない場合、緊急診察を受けるために救急車で移送することを検討する。
>
> - 頸部の激しい痛みを訴えている
> - 混乱やイライラが強くなる
> - 繰り返し嘔吐する
> - 発作、けいれん
> - 腕または脚の力が弱まる、または、チクチク、ヒリヒリする
> - 意識混濁の状態
> - 激しい頭痛、または、頭痛が強まる
> - 普段と違う行動をする
> - ものが二重に見える

覚えていてください：
- いずれの場合も、応急処置の基本原則(危険確認、応答確認、気道確保、人工呼吸、心臓マッサージ)に従うこと。
- 訓練を受けていない限り、プレーヤーを動かさない (気道確保に必要な場合を除く)。
- 訓練を受けていない限り、ヘルメット(もし着用していれば)を外さない。

引用McCrory et. al, Consensus Statement on Concussion in Sport. Br J Sports Med 47 (5), 2013

© 2013 Concussion in Sport Group

図2　脳振盪評価ツール
公益財団法人日本ラグビーフットボール協会HP「脳振盪ガイドライン等について」より引用

表1　脳振盪からの段階的復帰プログラム

ステージ1	活動なし	体と認知機能の完全な休息
ステージ2	軽い有酸素運動	最大心拍数70%以下の強度での歩行、水泳、室内サイクリングなど抵抗のないトレーニング
ステージ3	スポーツに関連した運動	ランニングなどのトレーニング
ステージ4	接触プレーのない運動	パス練習などのより複雑な訓練で運動強度を高めていく
ステージ5	接触プレーを含む練習	医学的チェックで問題がなければ通常練習を行う
ステージ6	競技復帰	通常の競技参加

＊まず、十分な休息により症状がないことの確認の後に第2ステージに移行し、徐々にステージをあげ、ステージ6を試合復帰とする。各ステージには最低1日を費やすこととする。
＊各ステージにおいて、脳振盪関連の症状が出現した場合には、24時間の休息をとり（ステージ1）、症状が生じていなかったステージから再開する。
＊判断に迷う場合には、復帰へのプログラムの早い時期に専門医を受診することが望ましい。

【RICE処置】
スポーツ現場で頻発する捻挫、骨折、挫傷・打撲等のスポーツ外傷が発生した際には素早く応急処置を施す必要がある。適切な応急処置を施すことにより、炎症を最小限に抑え、早期回復が期待できる。スポーツ外傷に対する応急処置の基本はRICE処置である。日本スポーツ協会はRICE処置を以下のように定義している[11]。RICE処置とは、Rest、Ice、Compression、Elevationの4手技の頭文字を用いた処置である。Restは、安静を意味する。運動を中止することで全身の血液循環を抑えて患部への血流量を減らすとともに、患部を固定することで、損傷部位の動揺を防ぎ局所的な安静を図る。Iceは、冷却を意味する。患部を冷却することで、炎症によって過剰に高まった局所の熱感を下げる。また、冷却によって血管を収縮させることで血流量を減らすとともに、低温にすることで細胞の活動が緩やかになるため酸素、栄養その必要量が低減される。その結果、2次的低酸素症を抑制するこ

とができる。Compression は、圧迫を意味する。圧迫は、損傷した細胞や毛細血管から細胞液や血液が漏出する現象（内出血）を抑える効果がある。圧迫することによって大量に血液が流れ込むのを抑制するとともに、血液が残留するのを防ぐ。しかし、血行障害や神経障害を起こさないように注意しなければならない。Elevation は、挙上を意味する。患部を心臓より高くあげることで、物理的に患部への血流を緩やかにし、患部からの静脈の流れを促進する効果がある。そのため、患部の内出血が抑えられる。

図3　RICE 処置で使用する備品（例）

自着性バンテージ（75、50mm）、弾性包帯、アイシング用ラップ、氷嚢

図4　氷の違い　左：キューブアイス　右：クラッシュアイス

図5　アイスパック　左：キューブアイス　右：クラッシュアイス

　RICE 処置で使う備品の例を図3に示す。冷却では、ビニール袋や氷嚢でアイスバックを作成することが多い。アイスバックは、患部の皮膚表面に密着させるために氷を平らにし、空気を抜いて作成する。ビニール袋で作成する場合は、作りのしっかりとした厚手の物の方が破れにくく使いやすい。破れてしまうと、空気が入り患部に密着させることができない。専用のビニール袋も販売されているが、費用がかさむため、氷嚢を購入して選手個人で管理させることも時には必要となる。アイスバックは弾性包帯やアイシング用ラップで患部に固定する。近年、キューブアイスだけでなくクラッシュアイスを作成できる製氷機が増えてきている。広く平らな面にあてるときはキューブアイスを使用したり、凹凸や湾曲のある狭い部分にはクラッシュアイスを使用したりするなど、用途に応じて成形のしやすい氷を選ぶようにする。（図4.5）

　近年、RICE 処置に加えるべき方法に関する議論もなされている。今後、スポーツによるケガに対する適切な処置は変化する可能性もあるため、常に最新の情報を確認すべきである。

足関節捻挫に対する処置（図6）

　アイシングをしていないときは、患部周辺にU字パットを当て圧迫し、さらに足関節を自着性バンテージ等で固定をする。さらに足を心臓より高くして挙上をする。こうすることで腫脹を最小限に抑えることができる。

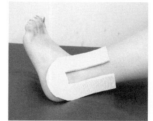 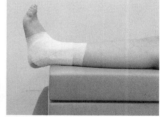

図6　足関節捻挫に対する処置

大腿部打撲に対する処置（図7）

大腿前面を打撲した場合は、まず患部にアイスバックを当てる。同時に膝関節を屈曲し患部の筋を伸張位に保ちながら圧迫と固定を行う。こうすることで、患部の血腫を最小限に抑えることができる。

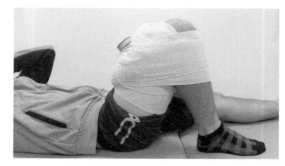

図7　大腿部打撲に対する処置

┌───┐
│ 【さらに学びを深めるためのポイント】   │
│ １．心臓震盪とは   │
│ ２．頭部外傷とは   │
│ ３．頭部外傷から競技復帰するためには？   │
└───┘

【参考・引用文献】
1）公益財団法人スポーツ安全協会：スポーツ安全協会要覧 2018 － 2019
2）独立行政法人日本スポーツ振興センター：学校の管理下の災害【平成 30 年版】
3）一般社団法人日本蘇生協会：JRC 蘇生ガイドライン 2015 オンライン版
https://www.japanresuscitationcouncil.org/wp-content/uploads/2016/04/1327fc7d4e9a5dcd73732eb04c159a7b.pdf
4）興水健治：若年者の突然死 心臓震盪．蘇生 .28-2: 87-94,2009
5）Maron BJ et : Blunt impact to the chest leading to sudden death from cardiac arrest during sports activities. N Engl J Med. 333:337-342,1995
6）Maron BJ : Sudden Death in Young Athletes. N Engl J Med.349: 1064-1075, 2003
7）堀進悟：Commotio cordis: スポーツ中の胸部打撲による突然死．臨床スポーツ医学 .19-8:891-897,2002
8）日本臨床スポーツ医学会 学術委員会 脳神経外科部会：頭部外傷 10 か条の提言 第 2 版 ,2015
9）公益財団法人日本ラグビーフットボール協会 HP：「脳振盪ガイドライン等・ポケット SCAT3」
https://rugby-japan.s3-ap-northeast-1.amazonaws.com/www/about/committee/safe/concussion/guideline.pdf
10）公益財団法人日本サッカー協会 HP：「サッカーにおける脳振盪に対する指針」 https://www.jfa.jp/football_family/medical/b08.html
11）公益財団法人日本体育協会：公認アスレティックトレーナー専門科目テキスト⑦救急処置 .12 ～ 23,2015
··

鈴木茂久：聖カタリナ大学　人間健康福祉学部　健康スポーツ学科　講師

熱中症とその予防

【キーワード】　熱中症　予防　運動

```
【学習のポイント】
１．熱中症の発生機序
２．熱中症の予防
３．自分が見てきた熱中症
```

【熱中症とは】

　人間の体温は、脳の視床下部にある体温中枢によって一定範囲内に調節されている。しかし、高温多湿の環境で激しい運動・労働をした場合などに、この調節が働かなくなってしまうことがある。体の中で生じた熱が十分に体の外に発散されず、体温が異常に上昇することになる。このような異常な体温の上昇と脱水の合併した状態を熱中症という。

　換言すれば熱中症とは、暑さの中で起こる障害の総称で、熱失神、熱けいれん（筋肉のこむら返しを伴う軽症型）、熱疲労（中等症型）、熱射病（重症型）がある。高温多湿の環境では、運動中に多量の水分が汗となってからだから失われる。速やかに水分等を補給しなければ熱中症に陥り死の危険もある。熱中症の死亡事故は、炎天下の屋外での野球、ラグビー、サッカー、山岳、陸上、テニスなどの部活動で、あるいは風通しの悪い体育館でのハンドボール、バレーボール、バスケットボール、卓球、レスリングや厚手の衣服・防具を着用の柔道や剣道の部活動で起きている。環境条件といえば、気温と湿度である。気温がさほど高くなくても湿度が高いときは、体育館の中でのスポーツ活動も熱中症の予防に努めなければならない。

　学校管理下における熱中症死亡事故の多くは、体育・スポーツ活動中に起こっており、日本スポーツ振興センターの資料によると、1975年から2015年の40年間に144人の子どもたちの命が熱中症によって奪われている。

　また近藤真庸著『保健指導』（2017）によると、2003年9月1日から9月30日の1か月間で、学校管理下において発生した熱中症事故の記事をインターネットで調べたところ、次の8件が起こっていたという。

3日　福岡県の高校生41人が熱中症
4日　福岡県で高校の体育祭練習中43人が熱中症
7日　鹿児島県で体育祭の高校生23人が熱中症
7日　熊本県の中高生11人が熱中症
9日　京都府で体育祭の中高生55人が熱中症
11日　神奈川県で中学校の体育祭準備中29人が熱中症
12日　千葉県で体育祭の高校生27人が熱中症
13日　新潟県の高校生24人が熱中症

　これらの事例は、夏休み明けの体育祭の当日やその練習日に発生している。しかも、事故発生日の最高気温と湿度を調べてみると、日本体育協会（現・日本スポーツ協会）の「熱中症予防運動指針」に従って気温35度以上の時は原則運動中止、31度以上の時は激しい運動を中止していれば事故は防げたかもしれないということである。1995年のユニバシアード大会の女子マラソンは、ゴール時の気温は31度、湿度91％という気象条件下で強行された。この最悪のコンディションの中で、倒れる選手が続出し、多くの選手がレースの途中で棄権した。選手だけではなく、観客も高温多湿の気候には、水分の補給が不可欠である。

　ところで、熱中症で死亡するのは学校におけるスポーツ活動中だけではない。建築や農業の労働者や屋内にいる感受性の鈍くなった高齢者なども、水分が不足するとからだの調子が悪くなり、死に至ることもある。厚生労働省によると、2016年の熱中症の死亡数

は621人（男性：347人、女性：274人）ということである。それ故厚労省では、「寝る前、起床時、スポーツ中及びその前後、入浴の前後、のどが渇く前に水分補給を心がけることが重要」と呼びかけている。

【熱中症の予防】

熱中症の危険性を知り予防対策をとることは、保健体育教師やスポーツ指導者にとって獲得すべき必須の知識である。"無知と無理で起こる熱中症を予防しよう"と呼びかけるのは、財団法人　日本体育協会（現・日本スポーツ協会）。すでに1996年、スポーツ活動における熱中症事故予防に関する研究班による小冊子『スポーツ活動中の熱中症予防のガイドブック』を発行している。そこでは、次のような8か条がわかりやすく掲げられているのでお勧めしたい。

① 知って防ごう熱中症
② 暑いとき、無理な運動は事故のもと
③ 急な暑さは要注意
④ 失った水と塩分を取り戻そう
⑤ 体重で知ろう健康と汗の量
⑥ スケスケルックでさわやかに
⑦ 体調不良は事故のもと
⑧ あわてるな、されど急ごう救急処置

川原貴（元国立スポーツ科学センター長）が指摘するように、運動すると体内では、ものすごい熱が出る。激しい運動では30分で体温が4度上昇するのに相当する熱が発生するといわれている。猛暑の中で運動を続けていると、汗による放散が十分できなくなったり、更に湿度が高いと汗が乾きにくく、放熱が阻害されたりする。運動により発生する体内の熱をどう調整するか。これが熱中症予防にとって重要である。熱中症予防の運動方針では、WBGT（湿球黒球温度）という温度と湿度、輻射熱を測定して算出した数値を環境の評価に使っており、暑さが体に及ぼす負担を評価するための国際的に統一された基準となっている。

運動によって上昇した体温は、休憩をとったり、水を飲んだりすることで下がる。運動量に合わせて、休憩と水分補給を十分とることが必要である。のどが渇いてから水分を取るのでは遅いとも言われており、運動中は10－15分毎に、100－200ml程度の水分を取る必要がある。運動中、自由に水分を補給できる環境が大切になる。もちろん汗とともに塩分が失われるので、スポーツドリンクなど水分と塩分を補給できる飲料を用意したい。運動前後の体重測定で運動中に失われた水分量が計れる。運動による体重減少が2％を超えないように水分を補給する必要がある。

暑さへの耐性には、個人差があり、体調が悪いと体温調節能力も低下し、熱中症になりやすい。個人的な条件としては、疲労、発熱、かぜ、下痢など、体調不良時には無理に運動をしないこと。普段運動をしない人、肥満傾向や病気がある人、健康な人でも寝不足や疲労など、体調悪化時は熱中症になりやすい。暑熱環境の体温調節には、暑さへの馴れ（暑熱馴化）が関係する。夏の初めや合宿の第1日目には事故が起こりやすいので要注意である。あるいは減量目的で意図的に過度の体水分を減らすことは危険なのでやってはいけない。

熱中症の初期兆候としては、皮膚血管の拡張によって血圧が低下、脳血流が減少、めまいや一過性の意識障害などが見られる。熱失神の時は足を高くして寝かせる。また発汗時、水分だけを補給すると血液中の塩分濃度が低くなり、筋肉に痛みを伴うけいれんがおきる。熱けいれんの時は濃い目の食塩水の補給や点滴が必要になる。さらに、脱水による血液の循環不全で脱力感、倦怠感、めまい、頭痛、吐き気などが見られる。このような熱疲労になると、周囲にいる人間は直ちに涼しい木陰やクーラーの効いた部屋に運び、衣服を緩め、特に首筋、脇の下などを冷やすようにする。水分と塩分、生理的食塩水（0.9％）の補給、点滴などの医療処置が必要になる。さらに熱射病になると、体温が40度以上になり、脳機能に異常が起きる。応答が鈍い、言動がおかしい、昏睡症状などの意識障害に陥る、高体温が続くと肝臓、腎臓、肺、心臓などの臓器障害も起き、死亡の危険性が高まる。これは一刻を争う状態なので、速やかに救急車を要請し、集中治療のできる病院へ搬送しなければならない。異常気象が続く炎天下のグラウンドや風通しの悪い体育館は、熱中症になりやすい環境である。練習は朝夕の涼しい時間帯に、風通しをよくした体育館で行うことが求められる。ランニングやダッシュの繰り返しなどの激しい運

動も要注意である。

熱中症をおこす原因として、環境要因、主体要因、運動要因の3要因が関与するので、予防としては、①環境条件を把握し、それに応じた練習・水分補給を行うこと、②個々人の事前の健康状態チェック、③指導者の知識・観察力が求められる。

【熱中症による高校生の死亡事例から学ぶ】

30年前、「熱中症」という言葉は、スポーツ医学などを学んだ医学関係者を除いて、国民の多くには耳慣れない病気であった。しかし、『最新スポーツ医学』（1990）の「高温・多湿と熱中症」という項目には、次のような記述がある。「熱中症は夏のスポーツ活動で起きやすく、毎年死亡事故が絶えないが、適切な予防措置によって防げるものであり、スポーツ指導者への一層の教育が必要である。指導者はその責任を銘記すべきである。」（川原貴）とある。ここでは1988年夏、愛媛県のある高校で起こった熱中症による死亡事例を考察する。このケースは、熱中症では死なない、熱中症は防ぐことができることを確信できた貴重な事例である。

1988年8月5日、有能なバスケットボール選手のアミ（16歳）が、高校の部活動中に熱中症で突然、生命を奪われた。両親は当然のことながらなぜ愛娘がこうなったのか、事実経過を知りたかった。

しかし、高校側は真実を隠蔽し、肝心なことは語らない。両親は本当のことを知りたい、他の家族が再びこのような悲哀を味わうことがないようにと願い、裁判の原告という苦渋に満ちた選択をした。だが、学校設置者である新居浜市、学校長、部活動の顧問教師は責任を認めようとはしない。5年4か月にわたる真実を求めた苦しい法廷でのたたかい。その日の気象条件を調査したり、死因究明へ専門書と格闘しながら心ある医師たち、たとえばスポーツドクター・石河利寛に会い娘の死因が熱中症であることを教えられたり、鑑定医によって死因は熱中症であることが明らかになった点など、ついに顧問は練習中に倒れたアミに適切な対応をしなかったという注意義務違反を問われ、被告の過失が認められ、全面勝訴となった。しかし、裁判中の1992年夏、全国高校総体第2位という成績の

裏で、同じバスケットボール部の1年生が、同じ顧問の指導の下で、熱中症で死亡という信じ難いショッキングな学校災害が再び起きた。しかしその数か月後、愛媛県体育協会（当時）からその体罰容認教師に「優秀指導者賞」が与えられていた。スポーツは勝利至上主義でいいのか。母親はその怒りをバネにして、『シャボン玉は消えない―部活動で死んだ娘への報告』（あすなろ社、1997）を出版した。また猛暑の季節になると毎年のように、地元紙に「熱中症をなくそう」と投書を続けてきた。ただ、学校災害から子どもを守る全国連絡会（全国学災連）の長年の運動にもかかわらず、文部科学省が熱中症防止の通達を出したのは、2003年6月のことであった。

熱中症予防の授業でこの事例を学んだ健康スポーツ学科の学生は、氏に次のような手紙を書いた。

・「私も娘さんと同じ、バスケットボールをしていて熱中症になったことがありました。私の場合は、先生がいろいろな対応をしてくれたので無事でしたが、もしその先生ではなかったら自分も命を落としていたかもしれないと怖くなりました。熱中症は、やはり指導者が気をつけなければいけないものだと思いました。このような辛い思いをする人たちが減ってほしいと願っています。自分自身もスポーツをする時は、熱中症対策をきちんとしていこうと思いました。」

・「熱中症が原因で亡くなっている生徒が多く、繰り返されています。命を軽く考えているのではないかと感じました。現在はありませんが、昔は水分補給をさせてもらえなかったと母に聞きました。そのようなことが熱中症で倒れて、亡くなる生徒がいるのだと思いました。

私は将来、体育の教師になりたいと考えています。このようなことが起こらないように、しっかり水分補給をさせ、生徒を観察したいと思いました。生徒の体調がおかしいと思ったら、休憩させるなどして、生徒の体調管理ができる教師になりたいと思いました。」

こうした感想に対して母親から次のような学生へのメッセージが届けられた。

「あの日から30年、信じられないほどの月日がたち、娘亡き後に生まれた38名の方たちの立派な感想文、そして私へのお便りを戴き、娘が生きているかのよう

に感じられ、ありがたく思いました。熱中症に対しての知識もきちんと持つようになり、水分補給がいかに大切なことかということも今では常識になったと思います。

あの頃は、『熱中症って何？』とよく聞かれました。熱中症は防ぐことができるということがわかり、娘のことを思うことは再発防止に力を注ぐことだと強く思う時、同じ方向を向いてくださる先生との出会いは、絶望の淵から少しずつ生きる希望が見え始めたように思います。

10年余りも前のことですが、東京から悲しみのどん底の方が訪ねてこられました。Ｓ高校女子バレー部の１年生が夏合宿中、倒れ亡くなりました。このお母さんも悲しいことは繰り返してはいけないと、命日には学校へ出向いて声をあげています。スポーツドクターとか関心を持つ指導者とともに。

部活のあり方が変わり、亡き子が望むような部活になってほしい。『部活動に休養日』『部活改めて考える』はいい記事でした。学生さんにエールを送っています。」

その真実は記憶されねばならない。

【熱中症とスポーツにおける民主主義】

この熱中症による死亡事故の事例を通して言えることは、からだの自然科学的認識だけでなく、健康の社会科学的認識や歴史を学ぶことの必要性である。つまり、この一つの事例は、過去の出来事、それも単なる環境要因だけでなく、「指導死」につながる指導者の資質に関わる要因も無視できないのではないかと考えられるからである。勝つためには何をやってもいいのか。

2018年、Ｎ大学アメリカンフットボール部の選手が相手チームの選手に悪質反則をやったシーンを見たときも、同じ感じ方をした。相手にけがをさせてもいいと指導者から指示が出たのは論外だが、ルールを無視する行為の強制に対して、なぜ「ノー」といえないのか。勝利至上主義の指導者の指示に抵抗することは困難とは思うが、この指示・服従の支配構造を考えることは、スポーツにおける民主主義の問題であり、同時に熱中症の予防のためにもスポーツ規範をどう確立していくかが問われている。

【さらに学びを深めるためのポイント】
１．事例で学ぶ学校の安全と事故防止
２．身近に起こった熱中症はなかったか、その時どうしたか。いのちが大切にされる学校、社会になっているか調べてみよう。

【参考文献】
1）財団法人　日本体育協会：スポーツ活動中の熱中症予防ガイドライン、1996
2）黒田善雄編著：最新スポーツ医学、文光堂、1990
3）阿部ヒロ子：シャボン玉は消えない―部活動で死んだ娘への報告、あすなろ社、1997

山本万喜雄：聖カタリナ大学　人間健康福祉学部　健康スポーツ学科　教授

トレーニングの種類について

【キーワード】　有酸素トレーニング　　筋力トレーニング　　コアトレーニング

【学習のポイント】
1．有酸素トレーニングの種類についてまとめる
2．筋力トレーニングの種類についてまとめる
3．自分が行ってきたトレーニングの種類についてまとめる

　トレーニングとは、スポーツにおける達成能力（競技力）を高めるために、目標を目指して計画的に行われる複合的な行為の全体と解される。トレーニングにはその目標にしたがって、体力トレーニング、技術トレーニング、戦術トレーニング、メンタルトレーニングなどに細分化される。本稿では競技スポーツ選手における専門的な体力トレーニングではなく、発育期の子どもから高齢者まで幅広い年代で行われている一般的体力トレーニングについて述べる。

【有酸素トレーニングについて】

　有酸素トレーニングとは、呼吸によって常に酸素を取り込みながら行う持続的な運動である。多くの酸素を消費するためには、大筋群を使う全身運動が適していると言える。有酸素トレーニングにはウォーキングやサイクリング、水泳、ダンスなどがあり、健康づくりに必要な最大酸素摂取量を向上させることができる。

①ウォーキング

　笹川スポーツ財団によると、過去1年間によく行われた運動・スポーツ種目で、第1位が散歩（ぶらぶら歩き）、第2位がウォーキングとなっている。最も手軽に行える有酸素トレーニングである。ウォーキングのメリットは、器具を使用せずに一人で簡単にできることである。誰もが簡単に行えるウォーキングであるが、体重が多い中高齢者の場合、長時間のウォーキングにより膝関節に負担がかかり、疼痛が出やすい。最初にプールで行う水中ウォーキングや食事コン

トロールを行い、ある程度の体重になってからおこなうなど、段階を経て実施すること。

②ランニング・ジョギング

　現在、全国各地で市民マラソン大会が開催されており、ランニング人気は加速する一方である。ランニングは有酸素トレーニングのゴールドスタンダードであり、ウォーキングから始めた人が移行してランナーになるケースも増えている。ランニングは有酸素性能力を向上させることができる。有酸素性能力とは筋肉に十分な酸素を供給させるための能力であり、長距離走などの能力の高さを示している。日常生活ではちょっとした小走りでも息切れしない能力などである。ただ、ウォーキングと比較すると、着地時の脚への衝撃が約3倍かかる。ランニング初心者は、はじめはウォーキングからスタートして早歩き、早歩きのペースでランニングなどと導入の仕方を考慮する。

【筋力トレーニングについて】

　筋力トレーニングとは、さまざまな種類の負荷をかけて筋を強化するトレーニングの総称。同義語にウェイトトレーニングやレジスタンストレーニングがある。筋力トレーニングによる筋力向上は、神経系の抑制の低減と筋断面積の増大によってもたらされる。トレーニング初期にはまず神経系の適応が生じ、その後に筋が肥大することで段階的に筋力が向上していく。

①マシントレーニング

　マシンは様々なメーカーから発売されており、フィッ

トネスクラブや介護施設などで用いられている場合が多い。マシントレーニングの特徴は、鍛えたい筋肉を簡単に鍛えることである。筋肉を鍛える種目は多くあり、フォームや姿勢が少し違うだけで、自分の鍛えたい筋肉を鍛えることができない場合もある。マシントレーニングは、マシンが一定の方向しか動かないため、その筋肉にポイントを絞り、なおかつ重りが落ちたりすることが無いため安全に行うことができる。一方のデメリットとしては、マシンは高額なものが多いため、個人で購入して自宅に置くことは難しい。そのため、マシントレーニングを行える場所は限られてくる。気軽に簡単に行えるトレーニングとしては難しい。

　フィットネスクラブ等に多く設置されているウェイトスタック式マシンを紹介する。ウェイトスタック式とは、ピンを差し替えることにより重さを変えることができるマシンである。代表的なマシンに、チェストプレス、フライ、ラットプルダウン、レッグプレス、レッグカール、レッグエクステンションがある。

上半身　（　）内は主に鍛えることができる筋肉

・チェストプレス（大胸筋）

・フライ（大胸筋、三角筋）

・ラットプルダウン（広背筋）

下半身

・レッグプレス
（大腿四頭筋、大腿二頭筋、半腱様筋、半膜様筋）

・レッグカール（大腿二頭筋、半腱様筋、半膜様筋）

・レッグエクステンション（大腿四頭筋）

②フリーウェイトトレーニング

　フリーウェイトトレーニングとは、バーベルやダンベルなどを用いて重量物を挙上するトレーニングの総称である。重力に抗して行うために挙上、下降という動作に限定されるが、その運動方向は制限されないため、自由に重量物を動かすことができる。代表的なフリーウェイト種目にスクワットがある。スクワットの方法は多くあるが、初心者でもできる安全なスクワットの方法を紹介する。
・両足を肩幅に広げ、つま先をやや外側に向けて立つ。
・息を吸いながら、お尻をつきだすようにしゃがむ。横からみた時、膝がつま先より前に出ないようにする（図1）。
・前からみた時、つま先と膝が同じ方向になるようにする（図2）。
・息を吐きながら、ゆっくりと元の姿勢に戻る。

| 図1 | 図2 |

③コアトレーニング

　コアトレーニングとは、体幹部のインナーマッスルを鍛えられるトレーニング方法として2000年代にブームとなり、様々なメディアで取り上げられるようになった。このトレーニングは、腰痛予防の運動療法として海外で研究され、物理療法や薬物療法と比較して腰痛の予後が良いというエビデンスが確立された。

　コアトレーニングを効果的に行うためには、体幹部の機能解剖を学習する必要がある。体幹筋は外側にあるグローバル筋（アウターマッスル）と内側にあるローカル筋（インナーマッスル）に分けることができる。グローバル筋には腹直筋や外腹斜筋などがあり、脊椎を支持する大きな柱として作用する。一方、ロー

カル筋には腹横筋や多裂筋などがあり、各椎体の分節的安定性を高める作用がある。この両体幹筋の作用によって腰部の安定化が保たれている。コアトレーニングはローカル筋である腹横筋や多裂筋を鍛えるトレーニングである。ローカル筋のトレーニングは小さな筋収縮を持続することで鍛えることができる。姿勢保持し続けるような動作の種目のため、鍛えられているのか分からず単調なため継続しにくい。そのため目的や効果などを理解して、毎日のトレーニングとしてルーティーン化させることが重要である。

　一方のグローバル筋を鍛えるトレーニング方法は、いわゆる「いつもの腹筋、背筋トレーニング」と言える。腹部トレーニングはシットアップやクランチ、背部トレーニングはバックエクステンションがある。また、シャフトを担いだスクワットやレッグランジなどは崩れる重心線を一定に保つため体幹が鍛えられる。グローバル筋とローカル筋をバランスよく鍛えることが望ましい。以下に代表的なコアトレーニングを紹介する。本やインターネットサイトなどで様々な名称が用いられているが、今回は接地している部位を英語で表した種目名を用いる。

エルボウトウ

エルボウトウアウト

ハンドヒール

【トレーニングをする際の注意点】

①ウォーミングアップを行うこと。

ゆっくりのウォーキングやジョギングでも必ずウォーミングアップを行うようにする。身体全体の関節を曲げ伸ばしして、動かす準備をすること。ジョギングを実施する場合は、ウォーキングからスタートして徐々にスピードを上げてジョギングへ移行する。

レジスタンストレーニングのウォーミングアップでは軽い体操をした後、筋温を上昇させるために有酸素トレーニングを10分程度行うとよい。筋温が上昇したタイミングで使用する筋肉を中心にストレッチングすること。高強度のレジスタンストレーニングを行う場合には、エクササイズチューブなどを利用して筋肉や関節に軽い負荷をかけたウォーミングアップを行うとよい。

②自分の目的にあわせた種目を行うこと。

目的を達成させるために効率的なトレーニングを実施することが大切である。メタボリックシンドローム予防のトレーニングでは、有酸素トレーニングとレジスタンストレーニングを組み合わせて行うのが良い。膝や腰などに整形外科学的な疾患を有している人が有酸素トレーニングをする場合は、水中歩行からエアロバイク、トレッドミル歩行などと段階を踏んで行うのがよい。

③水分や栄養補給を行うこと。

長時間の有酸素トレーニングは大量の発汗がある。喉が乾いてからの給水では遅い。トレーニング実施前に水分を摂取しておくことが望ましい。電解質を含んだスポーツドリンク等を30分前から200mlほど飲んでおくとよい。水中ウォーキングなどの水中運動では、汗が出ているかどうか分かりにくいため、積極的に水分摂取を行うことが必要である。無理なダイエットをしている人や糖尿病などで糖質を制限している人などは、運動中に低血糖になるケースもある。運動する前に糖質などを補給しておくことを忘れないようにしたい。

④適切な服装で行うこと。

それぞれのトレーニングにあわせた服装およびシューズで行うことが重要である。トレーニングウェアでは化学繊維入りの速乾性のウェアが適している。サウナスーツや重ね着をしてダイエットに励んでいる人は注意が必要である。トレーニング後の体重は3kg以上落ちているが、すべて水分であり脱水状態になっている。温度管理されているジム内でトレーニングしていても熱中症になってしまう。体温調節がしやすい服装で行うことが望ましい。

トレーニングで最も大切なことは安全管理である。トレーニングは日常生活と比較すると身体にかかる負荷があがるため様々なリスクを伴う。トレーニングをする際の注意点を参考に、楽しみながらトレーニングを行ってもらいたい。

【さらに学びを深めるためのポイント】
1. 有酸素トレーニングと筋力トレーニングの違いをまとめる
2. マシントレーニングと自体重トレーニングのメリットとデメリットをまとめる
3. トレーニングを行う際の注意点をまとめる

【参考文献】
1) 最新スポーツ科学辞典　平凡社　日本体育学会監修　2006
2) スポーツライフ・データ2018　笹川スポーツ財団　2018

青木謙介：聖カタリナ大学　人間健康福祉学部　健康スポーツ学科　講師

フィットネス分野における
ヨガの種類と効果について

【キーワード】 ヨガ　フィットネス　腰痛予防

【学習のポイント】
1．ヨガの種類を調べる
2．腰痛の予防方法を調べる
3．ヨガにおける医学的な効果を調べる

【ヨガとは】

　ヨガの起源は紀元前 2500 年頃のインダス文明にあると言われている。1300 年頃のインドでポーズと呼吸法を重視した「ハタ・ヨーガ」が大成し、16 世紀頃までに体系化され世界にヨガが広まった。ティルマラ・クリシュナマチャール（1988-1989）は、伝統的なハタヨガに西洋由来の体操法などを取り入れ、現代ヨガの体系を構築した。ハタヨガとは深い瞑想状態を目指し、呼吸とポーズを重視して行う、心身のバランスを整えるヨガである。ポーズを行うことから身体が強くなり、意識的な敏感さも養われることで心身共に強く柔軟になり、バランス感覚も養われる。

　現在では伝統的なハタヨガをベースにして、多様な対象者やニーズにあわせた流派が派生している。日本のフィットネスクラブ等で行われているヨガには、美容目的のホットヨガやパワーヨガ、心身の疲労回復が目的のリストラクティブヨガなどがある。

【フィットネス分野におけるヨガ】

　笹川スポーツ財団によると、週 1 回以上の定期的に行っているヨガの推計人口は 266 万人であり、週 2 回以上の定期的に行っているヨガの推計人口は 106 万人であったと報告している。ヨガは一人で行うことができ、特別な道具を使用せず、一人当たり一畳分のスペースがあれば実施できるため、初心者には取り組みやすいスポーツ種目と言える。また、今後行いたい運動・スポーツ種目として、ヨガは第 5 位 12.8％で推計人口は 1361 万人であった。しかしながら、男女別にみると女性は第 3 位で 22.9％であったが、男性に関しては 20 位以内に入っておらず、女性の興味関心が非常に高いことが分かった。今後、最も行いたい運動・スポーツ種目として、ヨガは 20 歳代、30 歳代、40 歳代で 1 位であった。若い世代の女性からの支持もあり、今後もヨガの人気は続くことが予想される。このように、ヨガはフィットネスの一つとして広く普及しており、一般成人のみではなく、子どもや妊婦、腰痛などの整形外科疾患者や乳がんサバイバー、障がい者など、あらゆる人たちの間で行われている。しかしながら、成人男性における実施者は女性と比較すると少ないため、成人男性のヨガ参加率を上げることが今後の課題と言える。

【ヨガの効果】

　ヨガと聞くとプロポーションや健康の維持、美容目的に行うことを連想するが、ヨガは様々な効果が報告されている。久木元らは、乳がんや肥満、心疾患に対するヨガの効果についてのエビデンスをレビューしている。また、厚生労働省『「統合医療」に係る情報発信等推進事業』における「統合医療」情報発信サイト（以下、統合医療情報サイト）のまとめによると、精神および行動の障害（49 件）、筋骨格系および結合組織の疾患（40 件）、循環器系の疾患（39 件）、新生物（39 件）、内分泌、栄養および代謝疾患（21 件）の順でエビデンスデータがまとめられている。ヨガの効果は身体の柔軟性が得られるだけではなく、各種疾患の治療などに効果が期待されている。

【腰痛におけるヨガ研究について】

　平成29年に厚生労働省から発表された国民生活基礎調査によると、病気や怪我等で自覚症状がある有訴者は人口千人当たり（この割合を有訴者率という）305.9と報告している。症状別にみると男性では「腰痛」が最も多く、「肩こり」、「咳や痰がでる」の順であった。女性では「肩こり」が最も多く、「腰痛」、「手足の関節が痛む」であった。男女ともに腰痛は多いことが明らかになっており、日本人における国民病と言える。また、足腰に痛みのある65歳以上の高齢者の有訴者率は男性では210.1、女性では266.6であった。「健康日本21（第2次）」の目標では、平成34年度（令和4年度）までに足腰に痛みのある高齢者の有訴者率を男性200、女性260まで減らすことを目標としている。厚生労働省では腰痛に関する調査や予防方法などをまとめて腰痛対策に力を入れている。

　前述の統合医療情報サイトにおいて、ヨガと筋骨格系および結合組織の疾患に関する論文は40件であり、そのうち慢性腰痛に関する論文は16件であった。ランダム化比較試験によって行われた慢性腰痛の研究13件について分析した。研究で行われていたヨガの種類では、アイアンガーヨガ4件、ハタヨガ3件、ヴィニヨガ2件、SVYASA3件（インドにあるヨガの教育機関で行われているヨガ講座）、その他のヨガ1件であった。慢性腰痛にヨガが効果的であるとしている研究は11件で、効果があるか分からないとしている研究は2件であった。効果があるとした研究では、75分から90分のプログラムを週2回が最も多く、30分のプログラムは週5回で効果がみられた。また、多くは週2回から毎日30分の自宅練習をしていた。慢性腰痛におけるヨガの研究は肯定的な研究が多いことが明らかになった。慢性腰痛の原因は1つとは限らず、様々な原因が複雑に絡み合っていると考えられている。近年では心理・社会的因子が腰痛に関わっている報告もある。菊池によると、腰痛は心理的な問題が引き金となって惹起、増悪するとしている。このような身体的要因だけではなく精神的な要因が関わる場合にはヨガは効果を発揮すると考えられる。

　最も研究で行われていたアイアンガーヨガとは、クリシュナマチャール師のもとでヨガを学んだB.K.S.アイアンガーが創始した。身体のアライメントを重視し、ヨガマットやプロップスと呼ばれるサポート器具を使って効果的にアーサナを練習できる体系となっている。アイアンガーヨガを用いた研究4件の中で、腰痛に効果があるヨガポーズの記載がある論文は2件であった。その2件の研究で行っていたポーズを紹介する（P41）。両研究では30前後のヨガポーズを行っていた。紙面の都合上、また特別な道具を利用しないポーズを著者が選択及び改変した。

【ヨガの外傷・障害について】

　ヨガには様々な効果が期待できる一方、不調を訴えるケースもある。岡は、全国のヨガ教室に通う受講生2508名（男性129名、女性2379名、年齢58.5±12.6歳）を対象に有害事象に関する調査を行った。有害事象がおきたポーズでは、立木のポーズ（25名）、弓のポーズ（4名）、太陽礼拝のポーズ（4名）、猫のポーズ（4名）であった。立木のポーズが突出して多いことが分かった。立木のポーズ（写真1）とは、片脚でバランスを保ち（軸脚）、上げた脚を外旋させて足底を軸脚の大腿部内側に密着させるポーズである。骨盤を水平に保つため、軸脚側の股関節外転筋である中殿筋の働きが重要になる。高齢者になると股関節外転筋の筋力低下がみられるため、バランスがとりにくくなる。立木のポーズを行う際には、上げた脚の足底を下腿部内側に密着させるようにするなど、無理にポーズを完成させることをさせないようにする。また、精神疾患やその他の疾患でめまいやふらつきを感じやすい受講生もいると考えられる。ヨガ教室では健康な人を対象としている場合が多いため、健康な人と同じポーズを同じ時間行うとオーバーワークになってしまう可能性もある。ヨガができる状態かを医師に相談することと、ヨガを始める際の問診表などには必ず病状を記載することが大切である。また、当日の体調などを考慮して、立位ポーズなど転倒の危険性があるポーズは避けることが必要である。

写真1　立木のポーズ

腰痛における効果的なヨガ

【ヨガの応用】

　日本ではフィットネスヨガのほか親子ヨガ、マタニティヨガ、キッズヨガ、産後ヨガなどが行われている。ヨガは幅広い対象者によって行われている。ベビーヨガでは乳幼児と母親が一緒にスキンシップをとりながら行う。介護施設などでは身体機能の維持や回復を目的に椅子で座って行うことができるチェアヨガなどが行われている。まさに子どもからお年寄りまで幅広い世代に受け入れられている。また、近年では競技スポーツ選手もヨガを取り入れている。有名選手がヨガに関する著書を出版し、各種メディアで取り上げられた。アスリートは柔軟性を獲得するためのストレッチングの一環として考えて始めるケースが多いが、実際にヨガクラスに入ると瞑想や呼吸法などを修得するため、ストレッチングとは違うメンタル面の強化やリラックスなど精神的な変化に驚く。今後、スポーツ選手のメンタルトレーニングとして、コンディション調整方法として、様々な形で活かされていく可能性が考えられる。

　これまで述べてきたヨガは屋内で行うヨガであったが、屋外で行うビーチヨガやパークヨガも人気がある。屋内環境とは違い、屋外では太陽や風を身体で感じ、匂いや波音、木々が揺れる音を五感で感じることができる。日常生活の喧騒を離れて集中できる環境で行うことはヨガの質を高める。また、近年注目されているヨガにSUPヨガがある。SUPヨガとは、海や湖などの上にStand Up Paddle board（SUP）を浮かべて行うヨガである。不安定なボードの上で行うため、体幹筋の安定化が必要となる。慣れるまではボードの上に立つだけでも脚が震えて止まらない。さらに自然環境下に特有な波や風の影響で揺れるため安定することは難しい。

　ヨガは紀元前から行われており、その時代に合わせた形に変えながら発展してきた。これからも時代の変化とともに発展し、対象者によって形を変えるであろう。目的に応じて個々に応じたヨガを行い、ヨガが人々の心身の健康に寄与することと考える。

【さらに学びを深めるためのポイント】

１．ヨガとストレッチングの違いを調べる

２．ヨガの心身に及ぼす影響について調べる

３．前頁を参考にヨガを実践してみる

【参考文献】
1）笹川スポーツ財団　スポーツライフ・データ2016　スポーツライフに関する調査報告書
2）厚生労働省　平成28年国民生活基礎調査の概況　P18
3）Kimberly Williams et al. Evaluation of the Effectiveness and Efficacy of Iyengar Yoga Therapy on Chronic Low Back Pain Spine 34(19): 2066-2076,2009
4）岡孝和　ヨガによる有害事象に関する研究　厚生労働科学研究委託費（地域医療基盤開発推進研究事業）　委託業務成果報告　業務項目3
5）厚生労働省『「統合医療」に係る情報発信等推進事業』における「統合医療」情報発信サイト
　　http://www.ejim.ncgg.go.jp/doc/doc_e03.html　【2019年4月30日閲覧】
6）久木元由紀子、藤重仁子、外村晴美、五十嵐淳介、前田薫　現代ヨガが心疾患・肥満・乳がんサバイバーに与える効果
　　―文献レビュー―森ノ宮医療大学紀要　第13号、1-14,2019
7）B.K.S.アイアンガー　アイアンガーヨガ完全マニュアル　2015　医道の日本社
8）菊池臣一　腰痛のエビデンス　2018　金原出版株式会社
9）ヨガジャーナル日本版　日本のヨガマーケット調査2017　セブン＆アイ出版
10）アスリートヨガ事務局　初級アスリートヨガ指導員養成講座テキスト

青木謙介：聖カタリナ大学　人間健康福祉学部　健康スポーツ学科　講師

幼児期における運動遊びの重要性

【キーワード】　運動遊び　　基礎的運動パターン　　内発的動機付け

【学習のポイント】
1．幼児期の区分と発達的特徴
2．幼児期に必要な運動
3．運動遊びに必要な要素

【成長と発達】

　私たちが普段、何気なく使用している「成長」という言葉や、幼児教育や学校教育について学習していると必ずと言っていいほど目にする「発達」という言葉は、同じような意味に感じられるかもしれないが、実は違ったものである。とりわけ、幼児期における最適な運動を見つけるためには、この「成長」と「発達」における幼児期の特徴を知っておく必要がある。まず成長とは、身体的成長、すなわち身長や体重などに規定される身体の大きさが、ある程度規則的に増大していくことに関連した過程である。これは、年齢によってある程度予測することができ、例えば幼児期においては、年間で身長が平均で約5cm増加し、体重は、2.3kg増加するなどである。もちろん遺伝的要因や摂取する栄養素の種類や量、あるいは活動量などによって個人差が生まれ、必ずしも平均値と同等の成長をするわけではない。発達は、受胎に始まり死によって終わる時系列的で連続的な変化の過程である。これは、成長が右上がりで線形のグラフで示されるのに対して、発達は、時系列に対して必ずしも滑らかに上昇していくわけではなく、発達の速度や程度は個人的に決定され、個々の課題そのものの達成に規定される。すなわち、運動発達という視点から年齢を過信することは、発達的な過程の連続性、特殊性、個性の概念を否定し、発達的に不利な条件を持っている個人にとって、実践的に価値のないものとなってしまうのである（ガラヒュー、1999）。運動発達は、右上がりの線形では説明できないと述べたが、その順序性については、規則的である程度の予測が可能である。まずは、頭部から脚部へと筋肉組織が徐々に発達していき、中心から周辺の遠い部位へと発達が進んでいく。例えば、幼児期に歩き始めるのは、必ず首が座った後であるように、ある動きや姿勢、移動を獲得してからでないと次のより複雑な運動や高次の運動を獲得することはできないのである。

【幼児期における発達的特徴】

　では、幼児期における運動発達にはどのような特徴があるのか。まず幼児とは、法的には母子健康法や児童福祉法に「1歳から小学校就学の始期に達するまでの者」とされている。すなわち、幼児期とは、一般的に1歳から6歳頃の子どものことを指す。スキャモンの発育発達曲線によると、幼児期は、神経型の発達が著しい時期であり、これはすなわち、脳の発達に起因する知覚的な能力が急激に発達することを示している。知覚的手掛かりを基にして行われる状況判断や、予測、意思決定、記憶などが重要な役割を果たす運動コントロール能力は幼児期において急激に発達する。運動コントロール能力は言い換えれば、運動の器用さであり、俗に言う運動神経が良い人は運動コントロール能力の高い人と言える。この運動コントロール能力は、それぞれコントロールする要素によって3つに分けられる。1つ目は、手足などの身体の部位をどの方向にどのくらい動かすかという空間的コントロール、2つ目はどのような順序でどのようなタイミングで動かすかという時間的コントロール、3つ目は、どのくらいの力加減で動かすかという力量的コントロールである。これら自己の身体を自在に調節し、操る能

力が幼児期において向上しやすい時期であり、敏感期と呼ばれている。もちろん運動を行う上で、筋力などに規定されるいわゆる運動体力が必要ではあるが、運動体力の敏感期は青年期に見られるため、幼児期における筋力トレーニングや、持久力のトレーニングは、まったく効果的ではない。

【幼児期に必要な運動とは】

　前項で幼児期が運動コントロール能力の敏感期であると述べたが、ではどのような運動を行うことが幼児期における適切な運動発達につながるであろうか。杉原（2014）によれば、幼児期においては運動コントロール能力の発達が基礎的運動パターンの形で現れるという特徴を持つとされている。基礎的運動パターンとは、走る、跳ぶ、投げる、転がるなど人間の基礎的な運動の形であり、各々のスポーツで用いられる運動技能へと分化する以前の発達の基盤となる動きである。この基礎的運動パターンを数多く経験している子どもたちほど運動能力が高くなるのである。保護者あるいは幼稚園において小学校で困らないようにと、跳び箱や逆上がりの練習をさせる場面が散見されるが、将来的な運動技能の獲得を志向するならば、特定の運動技能を練習するよりも、多様な運動パターンを経験しておく方が効果的なのである。幼児教育を担当する指導者としては、子どもたちが普段取り組んでいる運動パターンの種類が豊富になるように良く観察し、また多様な運動パターンを経験できる様々な遊びを提案していくことが求められる。また、言葉にすると同じ「走る」という表現がなされるが、「走る」の中にも音をたてないように走ったり、大股で走ったりするなど、多様なバリエーションを提供してあげることが肝要と

なる。これは、歩くや走るなど普段多く経験しているであろう運動パターンに特に重要な点である。

【幼児期における運動遊びの必要性】

　指導者がこれらの基礎的運動パターンを子どもたちに経験させる際に注意すべき点は、「運動遊び」の中にこれらのパターンを含めるということである。幼児期においては、自己の身体を思い通りに動かすことのできる自己決定と自分はこの運動ができるという有能感が運動に取り組むうえでの原動力となっており、これらを満たす内発的動機付けが非常に重要である。すなわち、子どもたちが自分でやりたいからやる運動が最も効果的であり、そのためには、運動遊びをいかに提供できるかが問われることになる。幼稚園指導要綱や小学校学習指導要領における低学年では運動遊びの重要性が示されている。多様な運動パターンを経験できるような運動遊びを提供するために用具や施設を整えてあげることが重要である。例えば、持てる大きさのボールがない状況においては、子どもたちは投げる運動を経験しないであろう。また、必ずしも子どもが考え選んだ自然発生的な遊びでなければならないというわけではなく、時には運動遊びを「一緒に遊ぼう」と提案してみたり、挑戦させてみたりするなどのアプローチも有効である。運動指導と聞くと、指導者がプログラムを作成し、みんなで同じ運動を行わなければならないようにも思えるが、子どもたちは自己や友達と遊びを行う中で、試行錯誤し、工夫し、学習しているのである。まずは、遊んでいる子どもたちを注意深く観察し、時には一緒になって楽しく遊ぶことが子どもたちの健全な運動発達を支えるのである。

【さらに学びを深めるためのポイント】
1．運動遊びを行う上での安全確保
2．遊んでいる子どもたちを観察するためのポイント
3．運動遊びを作成するための教材研究

【参考文献】
ガラヒュー，D.L（杉原隆監訳）（1999）幼少期の体育．大修館書店．
杉原隆，河邉貴子（2014）幼児期における運動発達と運動遊びの指導―遊びのなかで子どもは育つ―．ミネルヴァ書房

齋藤拓真：筑波大学　体育系　特任助教

児童期の運動について

【キーワード】　体力・運動能力調査　　児童期の発達的特徴　　情緒的発達

【学習のポイント】
1．現代の子どもの体力についてどのような見解があるだろうか。新聞やインターネットで探してみよう。
2．スポーツの指導書等を読んで、小学校低学年、中学年、高学年それぞれの指導の仕方の特徴を挙げ、その違いを考察してみよう。
3．児童期にどんなスポーツや運動をしていて、その際の経験が自分にどのような影響を与えたか振り返って考えてみよう。

【児童の体力の今日的課題】

　子どもたちの体力・運動能力問題が取り上げられて久しい。これに関連して、中央教育審議会[1] は、「体力・運動能力調査の結果など、子どもたちの体力水準が全体として低下している」という見解を示している。また、「5 歳児になっても、一段ごとに足を揃えなければ階段を降りられない幼児や、座らなければ靴を履き替えられない幼児」の存在や「かつては幼児期に身に付けていた動きが十分に獲得できておらず、その結果、自分の体の操作が未熟な幼児が増えている」（文部科学省, 2012, p. 18）といったこれらの話は「子どもの体力が低下している」という言説を示すものである。こうした実態を受けて、教育界では「幼いころから体を動かし、生涯にわたって積極的にスポーツに親しむ習慣や意欲、能力を育成」することが現代における教育的課題であるとし、これを受けて学校における体育授業も変容してきた。平成 20 年度に公示された小学校学習指導要領解説体育では、改訂の方針として「体力の向上を重視し、『体つくり運動』の一層の充実を図る」ことが掲げられた。具体的には、「体つくり運動」の領域に関する学習が小学校第 1 学年からすべての学年で必修とされている。

　では、言説ではなく、子どもの体力の実状はどうであろうか。スポーツ庁が公開している「平成 30 年度全国体力・運動能力、運動習慣等調査結果」よりみていきたい[2]。表 1 及び表 2 は、小学校 5 年生男女の体力テストの項目別平均値と昭和 60 年度における同種目の平均値と同じかそれを上回る児童の割合を示した値を示している。

表 1　体力テスト項目別平均値と昭和 60 年度平均値以上の児童の割合（小学校 5 年生男子）[2]

小学校男子	握力		反復横とび		50m走		ボール投げ	
	kg	%	回	%	秒	%	m	%
S60	18.35	–	39.46	–	9.05	–	29.94	–
H22	16.91	37.4	41.47	66.1	9.38	42.0	25.23	30.6
H26	16.55	33.9	41.61	66.7	9.38	42.8	22.89	20.5
H27	16.45	32.9	41.60	66.6	9.37	43.1	22.51	19.2
H28	16.47	33.0	41.97	68.6	9.38	43.2	22.41	19.1
H29	16.51	33.4	41.95	68.3	9.37	43.8	22.52	19.9
H30	16.54	33.7	42.10	69.1	9.37	43.9	22.14	18.9

表 2　体力テスト項目別平均値と昭和 60 年度平均値以上の児童の割合（小学校 5 年生女子）[2]

小学校女子	握力		反復横とび		50m走		ボール投げ	
	kg	%	回	%	秒	%	m	%
S60年度	16.93	–	37.94	–	9.34	–	17.60	–
H22	16.37	46.2	39.18	62.8	9.65	40.3	14.55	25.9
H26	16.09	43.0	39.37	63.9	9.63	41.4	13.89	21.2
H27	16.05	42.6	39.56	65.0	9.62	42.5	13.76	20.5
H28	16.13	43.4	40.06	67.9	9.61	43.1	13.87	21.1
H29	16.12	43.3	40.06	67.8	9.60	43.4	13.93	21.5
H30	16.14	43.5	40.32	69.5	9.60	43.5	13.76	20.5

　表 1 及び表 2 から、平成 22 年度から比較すると、男女共に握力、50m 走に関してはほぼ横ばい、ボール投げに関してはやや低下傾向がみられるものの、反復横跳びに関しては向上傾向がみられ、近年との比較では児童の体力は切迫しているわけでもないと考えられる。しかし、昭和 60 年度の同種目との比較では、反復横跳び以外の種目の数値が下回っており、昭和 60 年度の平均値以下の児童の割合も反復横跳びを除けば半分を下回っているため、過去運動が盛んであった年代と比較すると、現代の児童の体力はやはり低下していると考えられる。

　子どもの体力や運動能力の実状を少しでも改善するために、運動やスポーツを指導する際にどういった方

向性でもって行えばいいのか。当然、闇雲に運動を行わせれば良いわけではない。人はその発達段階によって身体的特徴や心理的特徴が異なっており、忍耐強さや目標達成に対して抱く興味等も異なる。特に、第2次成長期を迎える児童期は、その後の運動への適用や興味関心にとって重要な意味を与える時期でもあるため、運動指導は子どもの心身の発達的な特徴に沿った形で行われることが必要になってくる。次では、児童期における子どもの発達的特徴とそれを踏まえた上でどのように取り組ませるべきかを論じたい。

　子どもの心身の発達的特徴を表す手がかりとして用いるものは、クルト・マイネル[3]の用いたモルフォロギー的考察法である。この考察法では、一般の分析的視点が避けてしまう運動の力動構造、流動、弾性、空時、目標志向性などの運動の微表や固有性を、観察や共感等による印象分析によってとらえることができる点に強みがある。スポーツや運動が漸次的に発生したり、形成化されたりしていく過程を追求することによって、形態の発生、すなわち運動形態の発達と形成の理論へと発展させていくのである。

【児童期の発達的特徴と指導上の留意点】

　小学校低学年期（6〜8歳）、小学校に入学する頃には、運動はすでにかなり高い発達状態に達しており、走る、跳ぶといった基本的な運動の形態は、少しの不確かさを持ってはいるが、一部はかなり調和的で流動的でバランスがとれたものになっている。しかし、運動の目的をとらえることがまだ少なく、活発性や衝動性のもと、旋回したり、きりもみしたりするような傾向をもっているとされている[3]。そのため、1年生時には、はっきりとした運動浪費がみられる特徴がある。この運動浪費を「走る」という動きで説明する。小学校入学時に児童は、走るという運動プロセスの自動化を既に獲得していることが多いが、目的的かつ経済的にスポーツのように直線的に素早く走ることや長時間一定のペースでもって走ることを求めるよりは、速度や方向について変化に富んだものを優先させることが多い。このような運動におけるある種の無駄が発生することを運動浪費ととらえる。このような運動浪費は、この年齢にみられる強い活発性から誘発されるものであり、この学年期

の運動発達の特徴と切り離すことはできないものである。しかし、小学校低学年における神経系の発達は、興奮と制御のバランスを次第に導くものであり、運動をその目的に沿ったものとして発現させていく。

　指導に際しての留意事項としては、まず運動の種別に関しては、きわめて動きに富んだように組み立てられる必要がある。この時期の子どもの運動発達は、並列的で同時的であることが指摘されている。児童は、多くの動きを個別に同時的に獲得し、興味や好奇心に従って組み合わせを試みながら運動のバリエーションを増やしていく。そういった活動過程を生起させることを心がけたい。また、この時期の子どもは、通常、気が散りやすく大人のように一つの活動を長く続けることができない。そのため、運動に対する興味関心を維持させるためにも、「楽しいときに程よく終わる」ということも留意したい。

　また、先に述べた通り、この時期は、運動が目的に指向されるようになる点において特異的である。そのため、運動に簡単な課題を与えることが望ましい。「走る」という動作で説明すると、例えば、ルートを設定しそのルートに沿って走ったり、何かに合わせてペースを調整したり、人に付いていく、人から逃げる、全力を出してより速く走るといった具合である。「跳ぶ」ことにおいては、助走と組み合わせてより遠くに跳ぼうとしてみたり、跳ぶリズムや足を置く位置を調整してみたりといったものが該当する。さらに、指導者としては、児童が運動課題を達成した際に褒めたり、または、課題が求めているものと児童の興味が異なる場合には正しく課題の目的を伝え直したりして、児童の運動課題の達成の質を高めることによって、子どもの側の運動と課題の目的との結びつきを安定させることができる。そうすることで子どもは目的をもって動き、運動課題を達成したと感じた際に快感情を抱くことで、一定の運動の目的を達成する興味を持つことになる。ただし、注意点として、この小学校低学年期において、特定の運動やスポーツ種目を過度に専門的に行うのは不適当であることは覚えておきたい。たいていの場合は、この時期特有の強い活発性と集中力のなさが災いして、専門的な訓練を妨げてしまうだろう。仮に、しつけによってそういったものをおさえつけた場合には、後に、運動やスポーツに対して否定的な感情

を芽生えさせることにつながる可能性もある。

　次に、児童期の後期、9歳から12歳の時期についてであるが、その時期は、一般的に小学校低学年段階において発達傾向として兆候がみられてきたことが完了する時期である。

　運動は意識的に制御されるようになり、さらに安定し、かつ、加速度的に滑らかにできるようになり、日常生活において自由に運動するときでも目標をしっかりとらえ、動きや運動の目標志向性に無駄がなくなってくる[3]。これまで子ども特有の活発性によってみられなかった運動の意識的な制御や支配がみられるようになり、運動に安定性や合目的性、経済性、調和といった要素が急速に獲得され出されるのである。これを可能にさせる要因として、心理的な成長の他に高次神経活動の発達が挙げられる。興奮と制止のプロセスのバランスや条件反射の素早い定着は運動の高い質を成すことや新しい運動技能を素早く習得することにとって有利な前提をなしている。この時期の特徴的な点は、新しい運動プロセスをすばやく把握して習得することや、多様な条件に対してうまく適応する運動系の能力である。このようなこの時期特有の新しい運動プロセスを素早く把握して習得することを「即座の習得」と呼び、一般的にこの時期に水泳やスキー、アイススケート、体操競技、サッカー、テニスといった用具との同調が求められるスポーツや雪上で行うスポーツや腕によって体を支えることが多いスポーツといった、日常とは異なった特殊な環境下において行うスポーツを専門としてトレーニングを積むようになることが多い。この時期の「即座の習得」の特性を生かして、多様にスポーツを行わせる状態から、特定の種目に焦点化させ専門的に取り組む状態に移行することを「時機を得た専門化」と呼ぶ。また、「即座の習得」がなされる時期を、「ゴールデンエイジ」と呼び、子どもが新しい運動を獲得しやすい時期であることを示すこともある。

　スポーツや運動の基本的な専門形態（つまり、体操や陸上競技、水泳、球技等）をできるだけ多面的に訓練することは、その後のさらなる専門化を形作る基礎となるという意味で重要である。つまり、できる限り様々な種目を経験させ、その全面性を配慮することが肝要であるということである。また、特定のスポーツや運動を

選択することはある程度の組織的な訓練に移行することを意味する。しかし、基礎的な訓練をやめてしまってはいけない。全面的な基礎の上に「時機を得た専門化」がされてこそ、運動の習得に有利な学習期を適切に経過することになるのであり、将来的なスポーツのパフォーマンスの素晴らしい礎になるのである。

　指導をする際に留意することとして、子どもの知的発達段階を考慮することも重要である。つまり、小学校高学年の時期は、知的発達についてはまだ成長の余地を多く残しており、その影響もあってか運動を理論的に捉えるというよりも感覚的に捉えることの方が長けている。そのため、この年齢層における子どもの運動の学習は、視覚からとらえるものと良く結びついており、パフォーマンスを観察することで学習がなされ、自身の運動の振り返りはほとんどなされないという。子どもたちは運動を全体として把握し、理論的説明がなくても、速く走り、遠くに投げ、跳ぼうとするのである[3]。つまり、運動を詳しく支持し、技術的説明を長々とすることは一般的には不要であり、それよりも良い運動やパフォーマンスの見本をみせることが重要になってくると考えられる。

　以上が児童期における子どもの発達段階を踏まえた運動・スポーツ指導の在り方に関する検討である。運動を習熟させるには、単純に運動に触れる機会を増やすことが重要であることはいうまでもないが、闇雲に機会を増やすだけでは効果的に習熟は起こらないし、逆に弊害をもたらすこともある。発達段階を踏まえた指導はより効果的に、かつ、弊害を少なくするために考慮すべきものである。

【情緒的発達における児童期のスポーツの意義】

　次に、児童期に運動やスポーツに触れることが情緒的発達や社会的適応にとって、どのような利点があるかを論じたい。そのすべての論じることはできないが、ここでは大きく3つ挙げる。1つ目は、運動の抗ストレス作用である[4]。幼児期から児童期への移行については大きな環境の変化が付随している。学校社会への参加である。幼児期では親や兄弟、保育者といった対人関係に、教師や学級の友人といった要素が加わる。また、活動としては学業、行事、近年では習い事

等が児童期には派生してくる。そして、多くの活動は座った態勢で行われる。先にも述べたが児童期の子どもは活発性を内包している。そのため、単に座っているだけでもストレスをためる結果になる。そういった子どものストレスを解消する作用を運動やスポーツに求めることは自然な流れである。2つ目は、受容感である。暖かい雰囲気の中で、特定の役割が与えられると、子どもはその役割を自覚するとともに、役割達成を通じて自分が仲間として受容されたと感じる。さらにそこから情緒面の発達につながり、集団にさらに融和しようとして、行動の仕方を変えていくという好循環が派生する。ただ、運動やスポーツをすれば自動的に受容感が高まるわけではなく適切な指導というものがある。例えば、小畑ら[5]は、フラッグフットボールの体育授業実践から児童らの受容感などを高めている。効果的であった教授方略として、各チーム内における個々の役割を明確にしたこととその達成を評価したことが挙げられる。役割の受容と達成の機会を保障し児童全員に成功体験をもたらせたのである。3つ目は、規範意識である。児童は、「遊び」に協同性やルールを含めたものを多く行う特徴がある。そして、その協同性やルールをより強固にしたものがスポーツである。運動やスポーツを親しむ過程で、ルールを守ることがスポーツや運動の楽しさにつながること、違反してしまうことが楽しさを奪ってしまうこと等、規範やルールの意味を経験として学べる点に利点がある。また、経験を通じているからこそ、他人から押し付けられた規範意識ではなく、自分から守ろうとする自律的な規範意識が醸成されるのだと考えられる。

【児童期における過度なスポーツの弊害】

児童期のスポーツは、心身の健全な成長・発達を促し、教育的効果も意図して行われるはずのものであるが、中には競技性が優位となり、それに伴う問題が発生してくる場合がある。そのうちの1つは精神面の問題である。身体的訓練は忍耐を必要とするのは当然であるが、それが過剰になってしまった場合、子どもはストレスを抱えることになる。これはまた、競技スポーツをする場合には試合に対するプレッシャーなども同様である。過度なストレスは子どもの人格を歪め、その後の生活に多大な支障をもたらす。また、バーンアウト（燃え尽き症候群）を生み出すなど生涯スポーツの視点で考えても有害である。もう1つの問題は早期専門化によるスポーツ障害である。子どもの身体は大人のそれと比較した場合、あらゆる面において不完全である。早期専門化は同じ動きを何度も繰り返し続けることになるため、骨格の歪みや腱や靭帯への損傷を発生させ、大人になった際のスポーツの継続に多大な問題をきたすことになる。指導者によっては、子どものスポーツの世界と大人のスポーツの世界とを同一視し、規律的に長時間、集中力を持って練習することが美徳とすることがある。しかし、子どもと大人は違う。活動時間や運動量、過度に規律的で大きな責任を背負わせる等の要件によっては、子どもの心身の健康を損なうこともある。児童期における運動指導の優先順位をどこに置くかが問われる。

【さらに学びを深めるためのポイント】

身近にいる児童の運動指導に携わっている人に、①近年の子どもの体力低下を実際に感じているか、②発達段階に応じてどのようなことを心がけて指導しているか、③運動やスポーツを通じて子どもたちが成長したと感じたエピソードを聞き、本章で学んだことを生かして考察してください。

【参考文献】
1）中央教育審議会：幼稚園，小学校，中学校，高等学校及び特別支援が甲の学習指導要領等の改善について（答申）. 2008. http://www.mext.go.jp/prev_sports/comp/b_menu/other/__icsFiles/afieldfile/2018/12/20/1411921_00_gaiyo.pdf.
2）スポーツ庁：平成30年度全国体力運動能力、運動習慣等調査結果について. 2018.
3）クルト＝マイネル, 金子朋友訳：マイネル・スポーツ運動学. 大修館書店, 1981.
4）白山正人：スポーツとメンタルヘルス. 橋口英俊編, 新児童心理学講座―身体と運動機能の発達. 金子書房, 1992.
5）小畑治, 岡澤祥訓, 石川元美：運動有能感を高める体育授業に関する研究―フラッグフットボールの授業実践から―. 教育実践総合センター研究紀要, 123-130, 2007.

栗田昇平：聖カタリナ大学　人間健康福祉学部　健康スポーツ学科　准教授

学校における体育の役割

【キーワード】 体育　　生きる力　　体育の目標の変遷　　学習指導要領

【学習のポイント】
１．学校の役割は何か。「教育基本法」から調べてみよう。
２．学校の役割の中で体育は何を担うことができると思うか。考えてみよう。

【学校の定義から】

　学校とは、教育基本法によれば、「公の性質」を保持し、「教育の目標」を達成するために教育を施す場である。また、小学校、中学校、高等学校の各学校段階において体育が必修となっていることから、学校という場において、体育として運動やスポーツが行われることには、「教育の目標」の達成にとって何らかの役割を担っているといえる。では、体育が教育において担う役割とは何であろうか。

【生きる力と体育】

　「生きる力」とは、1996 年の中央教育審議会答申「21 世紀を展望した我が国の教育の在り方について」において示された学校教育の目的である。それは、社会の変化に関わらず自分で課題を見つけ、自ら学び、自ら考え、主体的に判断し、行動し、よりよく問題を解決する資質や能力や、自らを律しつつ、他人と協調し、他人を思いやる心や感動する心といった豊かな人間性、たくましく生きるための健康や体力のことを示している。学校教育では、「変化の激しいこれからの社会を『生きる力』」として、先に挙げた資質・能力をバランスよく育んでいくことが重要であるとされている。「生きる力」の育成において、体育科の持つ役割は極めて明確である。生きる力とは、「知育・徳育・体育」と表現されることもあるように「確かな学力」、「豊かな心」、「健やかな体」の大きく 3 つで構成されている。このうち、学校における体育科が担うものは、運動やスポーツを通じた「豊かな心」と「健やかな体」の育成であり、特に後者に関しては他の教科では育成させることができないため、体育科が独自で担うもの

であり、体育科の重要性を示しているといえる。

【我が国における体育の目標の変遷】

　生きる力における体育科の役割は明確であるが、学校において体育が担うことのできる役割全体を考えた場合、それほど単純な話ではない。

　歴史上、我が国における体育に対する期待と役割は、体育の目標という形で具現化されてきた。それは、それぞれの時代背景に従い、体育の役割の特定の側面が焦点づけられ、取り扱われてきた歴史であった（表 1）。ここでは、歴史的に変遷してきた体育の目標をよりどころとし、体育という教科が担える役割について考えていきたい。

【身体教育を重視した体育】

　明治 5 年の学制以降、我が国の体育は、国家的な軍事力の形成と富国強兵の要請に根差した「身体の教育」が行われてきた。また、産業革命による都市の形成と労働形態の変化から、労働力としての国民の身体形成も必要となっていた。戦前の体育は、このような時代的要請による国民の身体づくりに価値が置かれた。さらに、身体の教育によって形成された剛健な身体に、主に体操教材を媒介に、国家に従順な精神と臣民的態度を注入することも同時的に求められていた[1]。国家の形成とそれに伴う軍事力、労働力の確保を身体的、道徳的側面から可能にすることが当時の体育に求められた主な役割であったといえる。

【民主的態度の育成を重視した体育】

　第二次世界大戦後の体育は、戦前の軍国主義の払拭

が課題となったため、統治下にあったアメリカの体育思想を取り入れる中でその理論体系が構想された。そのような体育は、一般に「新体育」と呼ばれた。新体育は、体育の概念を「身体の教育」から「運動による教育」へと転換させた。「民主的態度」という当時の日本国民にとって新たな考え方を身に付けることを体育の目標の中心においたことからこのような名前がつけられた。

新体育を導入した我が国の戦後の体育では、体育は民主的人間形成という教育における一般目標を達成する教科であると規定し、体操を中心とした身体教育を目指した体育から民主的な人間形成を標榜した新しい体育への転換が図られた[2]。これは、国家的な体制の変化に伴った目標とする人間観の変化であると考えられる。そういった時代の流れの中で生まれた新しい「体育」は、教授方法にも影響をもたらした。まず、それまで体操中心であった教材が、スポーツ中心とするものに変えられた。体操は全体が同じ動きをするもので、一般的な規律や規範を身に付けさせるのに適していたが、民主主義における多様性の確保の観点から役割に応じて全体が異なる動きをして1つの集団目標を達成するというスポーツの特性が適合し選択されたのだと解釈できる。また、それまでの教師中心の一斉指導も変化し、子ども中心の主体的・自発的な学習方法が取られるようになった。このような戦前から戦後の体育の変化は、スポーツのプレイを通じた民主的な態度の形成という態度主義的な側面を強調したものとして位置づけられる。

この「民主的態度の育成を重視した教育」に関しては問題点も指摘される。1点目は、当時、新しい経験主義教育のもとでは、基礎学力の低下が問題視されるようになったこと、2点目は民主的態度の形成に関わっては体育以外の教科でもその役割が担えるため、体育科の独自性がみられなかった点である。このような背景の下、次の時代では「基礎的な運動能力や運動技術の取得」に体育の関心が向けられることになる。

【運動技能・体力づくりを重視した体育】

戦後の子ども中心主義的な新教育には、一層具体的な問題として「基礎学力不足」が突きつけられること

になる。そこから児童中心・生活中心の新教育にかわり、客観的な文化や科学の体系を重視する教科主義や系統立てられた知識を学ぶことに主眼を置く系統主義の教育思想が主流を占めていくことになる。体育では、1958年の学習指導要領において、教科の系統を運動技術と捉え、基礎的運動能力や運動技能の向上を目指す体育が強調されるようになった。当時は、スポーツ競技の世界からの要請もあった。日本の国際スポーツへの復帰、国際的競技での成績不振は、東京オリンピック（1964年）に向けての選手強化体制づくりの必要性を喚起し、学校体育における基礎体力やスポーツの基礎技能の育成という要請をもたらした。このような教育界や競技界の動向に関連して新体育批判が生じ、運動技術の系統性を重視する考え方が反映されていった。また、一方で1950年代の経済成長により、日本人の生活様式が大きく変わり、健康に対する課題も浮かび上がり、さらに受験競争の激化も相まって、青少年の体力問題に対する社会的関心が高まっていった。その社会的要請に応えるように、学校教育活動全体を通じて子どもの体力向上を図ることが謳われ、体育において「体力づくり」が体育の目標の中心に位置づくことになる。1968年の学習指導要領の頃である。

この頃の体育活動は、教材をスポーツとしながらも、体力を高めるための忍耐や継続を主としており、戦前の規律的な価値の高まりや身体教育的な考え方の復権がみられたと解釈されることもある[3]。

【楽しさを重視した体育】

1970年代以降にはじまった産業社会から脱産業社会へのパラダイムの転換は、人々の生活を大きく変えると同時に、スポーツが社会や文化の重要な一領域として認知されるきっかけを生み出した。1970年頃、ヨーロッパを中心に起こった「スポーツ・フォー・オール（万人のためのスポーツ）」運動である。この考え方は、スポーツや運動を、健康や教育のためだけではなく、生涯の生きがいや楽しみとして万人が享受する権利があるとする文化を大衆に浸透させていった。このような人々の価値観の変化は、運動やスポーツを健康や社会的態度の育成といった手段として用いる体育観から、スポーツや運動自体の価値を重視する体育観

表1　体育の目標の変遷[4]（p.98 の表を改変）

時期	戦前から戦後まで	戦後から 1950 年代末	1950 年代末から 1970 年代	1970 年代中頃から現在
重視された体育観	身体を重視した体育	民主的態度の育成を重視した体育	運動技能・体力づくりを重視した体育	楽しさを重視した体育
主な目標・役割	・国民に求められる身体の形成 ・規律節制の精神の涵養 ・日本的価値観の涵養	・民主的態度の形成 ・社会的態度の形成 ・身体的発達の促進	・技能的習熟 ・体力づくり ・身体的発達の促進	・運動への愛好的態度の形成 ・技能的習熟 ・子どもの欲求の充足
関連した社会的背景	・近代国家の形成と富国強兵の要請 ・都市形成と労働形態の変化 ・ナショナリズムの涵養の必要性	・終戦による軍国主義の払拭 ・民主的国家の形成 ・欧米的スポーツの流入	・子どもたちの基礎学力不足 ・国際スポーツ大会での不振 ・東京オリンピックの開催	・第三次産業の台頭・スポーツ・フォー・オール運動 ・スポーツの内在的価値への気づき
主要教材と指導方法の特徴	教材：武道、体操、教練 指導方法：教師中心の注入主義教育	教材：遊戯、スポーツ 指導方法：子ども中心の問題解決学習	教材：スポーツ 指導方法：教師中心の系統的指導	教材：スポーツ 指導方法：学習者中心の間接指導

への転換をもたらした。これは日本だけでなく、先進諸国全体にも起こった。これら先進諸国の体育観に共通の特徴は、スポーツの広い社会的認知を背景に、スポーツの内在的価値に着目し、スポーツそのものの学習を教科論の基盤に据えたことである[4]。スポーツの内在的価値とは、スポーツや運動といった身体活動が本来的にもつ「楽しさ」や「欲求の充足」といったものである。

それまでの仕事中心の社会では、運動やスポーツの価値が仕事や生活に対してどのような結果や効果をもたらすかということに価値が置かれ、手段としての意味しかもたなかった。しかし、「スポーツ・フォー・オール」の考え方の浸透をきっかけとし、運動やスポーツを生活の重要な一部として置き、生涯にわたるスポーツライフの準備のための教育が必要となった。このような変化は、子どもの自発性や自主性を引き出す授業への転換を必要とさせ、運動やスポーツが学習する者にとっての楽しさをもつように取り上げられなければならず、「楽しさを重視する体育」が中心に位置づけられることになっていった。楽しさを中心に置く体育授業において方法論として結実していったのが「めあて学習」である。

めあて学習の進め方の特徴には学習者自身が①「目標設定（自分ができるようになりたい技を見つける）」、②「課題選択（その技ができるようになるために解決する課題を選ぶ）」、③「活動の決定（課題を解決するための活動の仕方を決める）」を行うところに特徴がある。学習者の立てる目標を「めあて」と表現したこ

とから「めあて学習」と呼ばれることになった。

教科論としての「楽しさ」を重視する体育と授業方法論としての「めあて学習」は、「楽しさのフローモデル（学習者の能力水準と課題水準のバランスの保持）」と「プレイの自発的原理（本来的にプレイの主体とは当人にあり、自発的に行うものだという考え）」を支柱に日本の体育授業で広く展開されるようになった。

では、近年においてはどうであろうか。最も新しいもので、2018 年に告示された中学校学習指導要領解説保健体育編[5]においては、保健体育の目標は次のように書いてある（p.24）。

> 体育や保健の見方・考え方を働かせ、課題を発見し、合理的な解決に向けた学習過程を通して、心と体を一体として捉え、生涯にわたって心身の健康を保持増進し豊かなスポーツライフを実現するための資質・能力を次のとおり育成することを目指す。
> （1）各種の運動の特性に応じた技能及び個人生活における健康・安全について理解するとともに、基本的な技能を身に付けるようにする。
> （2）運動や健康についての自他の課題を発見し、合理的な解決に向けて思考し判断するとともに、他者に伝える力を養う。
> （3）生涯にわたって運動に親しむとともに健康の保持増進と体力の向上を目指し、明るく豊かな生活を営む態度を養う。

このうちの下線部の「豊かなスポーツライフを実現するための資質・能力」とは、体育を通して培う包括的な目標とされている[5](p.27)。この点から、現在においても運動やスポーツの内在的価値を認め、生活に運動やスポーツを位置づけるための準備として学校体育を捉える考え方は主な部分を担っていることがわかる。

【学校における体育の役割】

体育の目標の変遷を概観すると、学校教育における体育の役割は多様でありながらも次の4点に集約できる。

① 身体的効果

体育での様々な運動やスポーツに参加することによって、日常生活を快適に送るための身体のフィットネスレベルを向上させたり維持させたりできる。体力が高まる等も含まれる。

② 運動技能の習得

体育では、将来的に様々なスポーツや身体活動に参加するために必要とされる技術の基盤を築くことができる。また、運動技能の習得は子どもにとって自信を与える。

③ 社会的態度に対する効果

体育では、子ども間の肯定的な関わり合いを育て、計画性の高い活動やゲームを通して、ルールやフェアプレイを学び、良い行動を身に付けることができる。また、グループの相互作用を通じて、問題解決能力を養うことができる。

④ 情意に関わる効果

体育での成功体験を通じて、その運動やスポーツに対して肯定的感情を持つ。それはスポーツに対する愛好的態度として定着し、大人になった際に積極的に身体活動に取り組む素地となることが想定される。

これらは学校における体育の役割であるため、子どもが大人になるための準備としての教育における効果を主に描いたものである。しかし、子どもという存在そのものをみると、必ずしも将来のためだけに生活していないことは明らかである。では、子どもの存在を「今ここで」生活する主体として考えた場合、体育は他の教科と比較してどのような役割を担うことができるであろうか。

【子どもの現在に対する体育の役割】

大人や学校の子どもに対する関心が、将来に対する準備のみに向けられるようになってしまうと、子どもにとって生活が満たされない場となってしまう。子どもは本来的に好奇心旺盛で、活発性を備えている。それに関して、学校生活は、子どもに対して日常的に座っていることを強要し、抑圧させている状態であることを理解しなければならない。将来的な社会生活のために忍耐を学習していると言えばそうであるが、自然から考えれば子どもの本来的な気質とは相反するものである。そういった状況において、体育は子どもの現在における欲求や活動性、好奇心を充足し、生活を意義深いものにする力がある。体を動かすことは、元来子どもにとって、喜びや楽しみであり、生活の内容そのものである。ただ、競争性の取り扱いは注意する必要がある。競争は人を育てるが、大人の論理で過度に強調しすぎてしまえば、子どもの喜びを奪うことにもなる。子どもの発達段階に沿った体育の在り方を考える必要がある。

以上、学校の目標、体育の目標の変遷、子どもの性質から、体育の役割について論じた。しかし、体育を行えば自動的にこれらの便益を受けられるわけではない。これらはあくまで体育に対する期待であるため、効果的な体育授業の実践とその探求が欠かせない。良い実践があって、初めてこれらの便益が受けられる。逆に、良い体育実践の在り方によっては体育の価値を広げ、ここに挙げた役割以上のものを子どもに用意することができる。その意味において、今後、授業実践や研究レベルでの体育の探求の意義は大きいといえる。

【さらに学びを深めるためのポイント】

1．体育の目標は、時代の変化によってどのように変わっていったか。出来事と関連させて考えてみよう。

2．児童にとって体育はどのような場であるか。子どもの性質と関連させて考えてみよう。

3．本稿の中に取り上げたもの以外で学校における体育の担える役割にはどのようなものがあるか。考えてみよう。

【参考文献】
1）友添秀則：スポーツ教育の目標設定に関するメタ理論的研究．スポーツ教育学研究，22（2）：29-38．1985．
2）友添秀則：学校カリキュラムにおける体育領域の位置と役割．岡出美則ほか編著．新版体育科教育学の現在．創文企画：東京，11-26．2015．
3）高橋健夫：体育科の目的・目標論．竹田清彦ほか編著．体育科教育学の探求．大修館書店：東京，18-40．1997．
4）友添秀則：体育の人間形成論．大修館書店：東京．2009．
5）文部科学省：中学校学習指導要領（平成29年告示）解説　保健体育編．東山書房：京都．2018．

栗田昇平：聖カタリナ大学　人間健康福祉学部　健康スポーツ学科　准教授

運動と栄養

【キーワード】　栄養　　運動　　栄養素

【学習のポイント】
1．栄養素の名前
2．栄養素の主な働き
3．過去の自分が食べてきた食事の傾向

【スポーツ栄養学について】

　我々人間は、生きている限り外界から栄養を摂取し続けなければならない。そうしなければ、生命を維持することができないからである。栄養素は吸収された後、エネルギー源、身体を構成する材料、機能を調節する物質として働き、不必要となったものは体外に排出される。これがいわゆる代謝と呼ばれる生命活動の流れである。また人間の身体はその発達段階に合わせて、常に変化が起こっている。栄養はその変化に大きく影響し、栄養の補給の仕方一つで変化の度合いが変わってしまうと言える。つまり、栄養の補給が適切であれば、身体の変化はポジティブなものとなるが、適切でなければネガティブなものとなってしまう。このように栄養は人間の生命維持のためだけでなく、その発達という観点からも非常に重要な要素の一つである。

　さらに人間の身体は様々な環境・刺激に適応するためにも変化をしている。スポーツ活動もその刺激の一例と言える。スポーツ活動の目的は記録や成績を求めるものから健康の維持増進まで幅は広い。しかし、どの様な目的であれ、スポーツ活動を行うことで身体の機能変化を起こし、その効果により目的を達成することが期待されている。その際に適切な栄養対策を行うことで、最大限の効果をもたらすことができる。スポーツ栄養学とは栄養を用いて、如何にしてスポーツ活動の効果を最大限にできるかを追求する学問である。

【栄養の効果を最大限にするとは】

　栄養素はそれぞれ特有の機能を持ち、体内に入ることでその機能を有効に活用することができる。しかし、身体の状況によっては栄養になるどころか害となることもある。つまり、栄養を摂取する際は栄養が最大限に生かされる体内環境にすることが必要となる。例えば、体の中のエネルギー源が不足しているような状況下では、摂取した栄養の内、エネルギー源となる栄養素はエネルギー代謝系に動員され、エネルギーを生み出すことに使用される。一方、体の中のエネルギー源が十分に足りている状況下でエネルギー源となる栄養素をさらに摂取したとしても、脂肪組織に蓄積されるだけである。近年では筋力トレーニングを行った後にプロテインやサプリメントによりタンパク質を摂取する者も増えてきた。しかしタンパク質は筋肥大に利用されるだけでなく、エネルギー源としても利用できるため、体内のエネルギー源が不足している状況ではいくら摂取してもエネルギー源として利用され、筋肥大には利用されない。逆に過剰にタンパク質を摂取した場合には過剰な分は脂肪として蓄積され、また分解の過程で肝臓や腎臓などに余計な負担をかけることとなる。このように栄養素を摂取し、その最大限の効果を得るためには、体内環境を整備することが重要となる。スポーツを行うと、日常生活と比べ、特殊な体内環境を作り出すことができる。その環境下で適切な栄養補給を行うことで、スポーツにおける特殊な栄養効果(筋肥大や疲労回復など)を生み出すことが可能となる。

【栄養素とその機能】

　栄養素の大きな分類として、タンパク質、炭水化物、脂肪、ミネラル、ビタミンの5つが挙げられる。これらは一般的に5大栄養素と言われている。その中でも

特にタンパク質、炭水化物、脂肪は３大栄養素と呼ばれている。また酸素と水は、一般的には栄養素として扱われることはないが、体の外から摂取し、スポーツ活動を行う上では特に重要と考えられるため、栄養素と同様に考慮するべき物質である。栄養素の働きとしては大きく①エネルギー源、②身体を構成する組織の材料となる、③機能を調節する、の３つに分けられる。

【タンパク質】

　タンパク質は主に筋肉や細胞など身体の組織の材料となる栄養素である。だが、それだけでなく酵素やホルモンなどの材料、あるいは炭水化物や脂肪によるエネルギー源が不足した場合のエネルギー源となる。

　タンパク質は分解すると約20種類のアミノ酸から構成されている。この構成は食品ごとに異なることが分かっており、これはタンパク質としての機能、性質が食品ごとに異なることを意味している。

　アミノ酸の中でも特に体内で合成されない、もしくは体内での合成では不足が生じてしまい、食品での摂取が必要となるアミノ酸の事を必須アミノ酸と呼ぶ。この必須アミノ酸はバリン、ロイシン、イソロイシン、メチオニン、フェニルアラニン、スレオニン、トリプトファン、リジンの８種類である。またヒスチジンについては幼児期に体内での合成だけでは不足が生じる可能性があるので、必須アミノ酸とすることも多い。

　タンパク質が身体の中で合成される際は、その材料となるアミノ酸が不足なく存在していることが条件となる。つまり１種類のアミノ酸でも不足が生じた場合は合成が上手くいかないという事である。食品に含まれているタンパク質の構成がそれぞれ異なることは上にも記したが、故に特定の食品ばかりを摂取していては特定のアミノ酸に不足が生じてしまう。そこで食品に含まれているタンパク質が理想的な量に対してどのくらい不足しているかを知る必要がある。その指標がアミノ酸スコアである。アミノ酸スコアは食品に含まれるタンパク質の内、必須アミノ酸がどのくらい存在しているかを表す指標である。ある決められた必須アミノ酸の量と食品中の必須アミノ酸を比較して、一番不足しているアミノ酸を第１制限アミノ酸と呼ぶ。この第１制限アミノ酸がどのくらい不足しているか

を百分率で表したのがアミノ酸スコアである。もし、第１制限アミノ酸が十分に足りている場合はアミノ酸スコアが100となる。もし摂取したい食品のアミノ酸スコアが100でない場合は、他の食品も同時に摂取して、その不足分を補う必要がある。

【炭水化物】

　炭水化物は主にエネルギー源となる栄養素である。炭水化物を分解すると最終的にはグルコースとフルクトースに代表される単糖類まで分解することができる。グルコースはブドウ糖とも呼ばれ、人間の身体に多く存在している。フルクトースは果糖とも呼ばれ、その名前の通り果実に多く含まれる。

　炭水化物と脂肪はともにエネルギー源としての役割がある。しかし、炭水化物は脂肪と異なる点として、筋肉中あるいは肝臓中に、多数のグルコースが連なったグリコーゲンという形で貯蔵することができる。特にスポーツ選手にとっては筋肉中のグリコーゲンを如何に貯蔵できるか、温存できるか、あるいは回復させるかがパフォーマンスや練習効果を左右することとなる。

　最近ではカーボローディングという方法を用い、試合前にグリコーゲンを多く蓄えることが試みられている。カーボローディングは一度筋肉中のグリコーゲンを枯渇させ、その後高炭水化物食を摂取すると、筋肉中のグリコーゲンがより多く蓄えられる性質を利用したものである。トレーニングにおける超回復の理論とも似ていると言えよう。具体的には試合１週間前から始めるケースが多い。最初の数日間を炭水化物が少ない食事を取り、筋肉内のグリコーゲンのレベルを低くする。その後、試合前の2~3日前から炭水化物の多い食事を取り、グリコーゲンのレベルを高めることでカーボローディングは完成する。しかし、この方法は摂取する炭水化物量のコントロールに個人差が大きいことから、一度カーボローディングを試し、自分に合った方法を探ることが重要となる。

　筋肉中のグリコーゲンの回復はスポーツ選手にとって重要な課題の一つである。なぜならば、グリコーゲンの枯渇はパフォーマンスの低下を意味し、グリコーゲンの回復なしではパフォーマンスの維持向上は望めないからである。グリコーゲンの回復は炭水化物の摂

取によって行われるが、重要なのはそのタイミングである。特に運動直後の食事には運動後しばらく経過してから食事するよりもグリコーゲンの回復レベルが高いことが分かっている。さらに炭水化物のみを摂取するのではなく、クエン酸を併せて摂取することでその効果はより高まる。これはクエン酸の効果により炭水化物のエネルギー代謝利用が抑制され、グリコーゲン合成への利用が高まるためと考えられている。つまり、効率良くグリコーゲンを回復させるためには、運動直後に炭水化物と併せてクエン酸が多く含まれている柑橘類などの摂取を行うことが重要となる。

【脂肪】

　脂肪は炭水化物と同様に主にエネルギー源となる栄養素である。また脂肪には体温の維持や衝撃から体を守る働きもある。エネルギー源としての脂肪は炭水化物よりも効率よく貯蔵できる点が優れている。炭水化物が 1 g あたり約 4kcal なのに対し、脂肪は 1 g あたり約 9kcal である。これは脂肪が同じ量の炭水化物と比べ、約 2 倍の熱量を持っているという事である。

　食品や体内に存在する脂肪の多くはトリグリセリド（中性脂肪）と呼ばれている。トリグリセリドは 1 つのグリセロールと 3 つの脂肪酸が結合したものである。脂肪酸にも様々な種類があり、大きく分けると炭素の結合が全て水素で飽和されている飽和脂肪酸と、二重結合のある不飽和脂肪酸に分けられる。不飽和脂肪酸の内、体内で合成できないものや食品からの摂取の方が効率のよいものを必須脂肪酸と呼ぶ。代表的な必須脂肪酸として、リノール酸、α－リノレン酸、エイコサペンタエン酸（ＥＰＡ）、ドコサヘキサエン酸（ＤＨＡ）などがある。

　スポーツを行う者、特にアスリートには脂肪は嫌われる傾向にあるが、一切摂取しないということは問題である。例えば必須脂肪酸であるＥＰＡは血中において赤血球の変形能を高める効果がある。赤血球の変形能を高めることによって、毛細血管を通りやすくし、末梢の組織まで酸素を輸送することができるようになる。このように、脂肪を摂取することはスポーツを行う上で決して有害なものではない。摂取する脂肪の種類や量を適切にコントロールできれば、むしろ有益なものとなる。

【ミネラル】

　ミネラルは体に含まれる元素のうち、炭素、水素、酸素、窒素以外のものをいう。ミネラルの機能としては骨や歯などの構成成分や神経、筋肉の機能に関与する働きなどが挙げられる。ミネラルの代表的なものとしてはカルシウム、リン、カリウム、マグネシウム、鉄などである。ミネラルはそれぞれ重要な役割を持っているが、ここではカルシウムと鉄について記述したい。

　カルシウムは人間の身体の中で一番多く存在しているミネラルである。その 99％は骨や歯に存在しており、残りの 1％は血液、筋肉、神経などに存在している。機能としては骨や歯の形成、筋肉の収縮、神経興奮の伝達などがある。カルシウムは不足しがちなミネラルの一つと言われているが、ビタミンＤの働きにより吸収率が高くなることが知られている。またリンの多量摂取は骨のカルシウムの排出をもたらし、骨がもろくなりやすくなる。リンは加工食品や清涼飲料水に多く含まれており、これらの過剰摂取には注意が必要である。

　血液中のカルシウムが不足すると骨のカルシウムからそれを補おうとする。これが続くと、骨がもろくなり、骨軟化症、骨粗しょう症などを引き起こすこととなる。また、神経の興奮が抑えられなくなり、小さなことでも過剰反応を示すことが知られている。カルシウムが不足している人は怒りっぽくなるというのはこのことである。

　鉄は成人の体内には約 3~5 g 存在している。その 60~70％が赤血球中のヘモグロビンに存在している。このヘモグロビンはタンパク質と鉄が結合して作られ、体内の酸素を運搬する機能を持っている。よって、鉄は特にスポーツ選手にとって極めて重要なミネラルである。

　体内の鉄が不足すると貧血状態になる。貧血状態に陥ると酸素運搬能力が低下し、めまいや頭痛、倦怠感などが引き起こされる。またスポーツの場面では競技力、特に有酸素能力が大きく低下することとなる。貧血の原因は多くあるが、スポーツ選手に特有のものとしてはジャンプなどの物理的な衝撃による赤血球の溶血や汗、尿などからの排泄などよって鉄の不足が引き起こされるケースがある。女性については月経の影響により、男性よりも鉄が不足しがちであり、スポーツを行わない一般女性でも貧血を訴えるケースがよく見られる。

　貧血を防ぐには当然、鉄の摂取が必要であるが鉄自体

の吸収率は高いわけではない。そこで如何に効率よく鉄を吸収できるようにするかが重要となる。食品中の鉄には種類があり、動物性由来のものはヘム鉄、植物性由来のものは非ヘム鉄と呼ばれており、ヘム鉄の方が吸収率は高いことが分かっている。また鉄の摂取と共にビタミンCを摂取することで吸収率を高めることができる。さらに貧血を防ぐには鉄とともにヘモグロビンの材料となるタンパク質の摂取にも気を使わなければならない。このようにいくつかのポイントを抑えることによって鉄の吸収を高め、貧血の発生を予防することができる。

【ビタミン】

　ビタミンは体内で合成されない、もしくは必要な量を合成することができない微量の有機化合物のことを指す。ビタミンは生命活動を行う上で重要な様々な化学反応に関与しており、その性質から脂溶性ビタミン（ビタミンA、ビタミンD、ビタミンE、ビタミンK）と水溶性ビタミン（ビタミンB類、ビタミンC）に分けられる。脂溶性、水溶性どちらも不足の場合には欠乏症が表れる（ビタミンB1における脚気など）。一方、過剰症はビタミンDにおける高カルシウム血症など、脂溶性ビタミンのみに表れることがある。これは、水溶性ビタミンが過剰な場合は尿によって排出することができるが、脂溶性ビタミンの場合はそれができないためである。疲労時や体力消耗時に摂取する、いわゆる栄養ドリンクやビタミン剤と呼ばれるものにはビタミンB群が含まれているものが多い。これはビタミンB群のエネルギー代謝を補助する役割により、上記の症状を緩和しようとする目的がある。

【食生活】

　ここまで各栄養素の機能について解説してきたが、

実際どのように食事をとればよいのであろうか。まず重要となることは朝昼晩3食をしっかり取ることである。当たり前と思うかもしれないが、スポーツ選手でも意外とできていないことが多い。また、生体のリズムに従い毎日同じ時間に食事をすることが重要である。一定のリズムで食事をすると決められた時間に消化器系が準備を始め、スムーズな消化吸収につながるからである。逆に不規則な食生活はそれだけで消化器系に負担をかけることになってしまい、消化不良や胃腸障害の原因となる。

　食事の内容に目を向けるとやはりバランスの良い食事内容であるべきである。一つの物をたくさん食べるのではなく、様々な物を少しずつ食べることでバランスのとれた食事が可能となる。しかし、個人の嗜好などにより中々バランスの良い食事を取ることは難しい。そこで今までの食事にプラスして、ひと工夫加えることから始めてみるとよい。図のように牛乳やオレンジなどを加えるだけでバランスの良い食事となることもある。そのためには今食べている食事にはどのくらい栄養が入っているのかを知る必要がある。

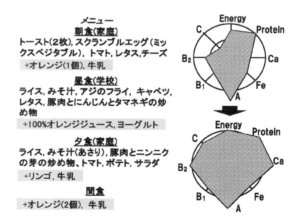

図1．日常の食事を基本とした工夫例
（村松ら（2001）より抜粋、著者改変）

【さらに学びを深めるためのポイント】

1. 食品に含まれている栄養素を調べる。
2. 自分が1日にどのくらい栄養素を摂取しなければならないかを調べる。
3. 自分の食事に含まれている栄養素を調べ、不足する栄養素があればどのように補うかを考える。

【参考文献】
1）村松成司ほか著, スポーツと栄養, イグザミナ, 2001
2）鈴木志保子著, 基礎から学ぶ！スポーツ栄養学, ベースボールマガジン社, 2008

中川雅智：聖カタリナ大学　人間健康福祉学部　健康スポーツ学科　助教

睡眠と健康

【キーワード】 睡眠　　健康　　生活習慣

【学習のポイント】
1．自分の睡眠について振り返る
2．睡眠の妨げになる要因
3．睡眠不足による影響

【睡眠とは】

　人間の生活は主に運動・食事・睡眠の3つのバランスによって成り立っている。その中でも睡眠は体と脳を休める働きがあり、人間は睡眠をとることによって、日々の活動を行うことができる。当然、睡眠を行わないと、心身が疲弊し、人間の活動は鈍くなってしまう。また肥満や高血圧などの生活習慣病や、精神疾患にも関係性があることが明らかとなっている。このように睡眠はただ体を休めるだけではなく、人間が健康で暮らしていくためには決して軽視してはいけないものである。

　しかし、近年、日本では睡眠不足を訴える者が増加したという。日本人の生活環境はここ十数年だけでも大きく変化した。中でもIT関連の発展は目覚ましく、現在ではメールやSNSなど、どの時間でも手軽に連絡が取れる手段が確立した。一方で、その利便性が睡眠をはじめとする生活習慣に影響を与えていることは容易に推測できる。

　このように睡眠は重要なものであるにも関わらず、不足気味となりつつある。そこで本稿では睡眠について、いくつかのトピックを挙げ、よりよい睡眠生活を送るための知識を身につけることを目的とする。

【睡眠とサーカディアンリズム】

　バクテリアから人間までほとんどの生物には約24時間周期で変動する体内のリズムが存在している。それをサーカディアンリズム（概日リズム）と呼ぶ。人間のサーカディアンリズムは体温の変化やホルモンの分泌など体の様々な機能に見られ、心理的あるいは身体的機能に影響を及ぼす。その代表例が睡眠や覚醒に関わるリズムである。この睡眠・覚醒に関わるサーカディアンリズムには内因性のリズムと外因性のリズムがあり、この2つが組み合わさって、サーカディアンリズムが形成されている。

　内因性のリズムは人間の体内に備わっている体内時計ともいうべきものである。昼夜の変化や時刻などの外部情報が全く入らない状況下で生活をすると、体内のリズムが変化し、24時間より長くなる。このリズムのことをフリーランリズムと呼ぶ。

　外因性のリズムとしては光刺激が最も強い影響を与える。内因性のリズムは約25時間周期であるが、朝、自然光を浴びることでそのリズムを24時間周期にリセットし、日々の生活に不都合が出ないようにしている。一方、夜に明るい光を浴びると24時間周期からずれるように影響を与えてしまう。また睡眠に関わるホルモンであるメラトニンの分泌も抑えられてしまう。その結果、睡眠の質が低下してしまい、健康に悪影響を与えてしまうことになる。明るい光とは部屋の照明だけではなく、パソコンやスマートフォンなどの画面などの光も該当する。特に寝る直前のパソコンやスマートフォンの操作には注意が必要である。また海外旅行や夜勤時などリズムを変える必要があるときは、この光刺激をうまく利用することによって、リズムをコントロールすることができる。

　またサーカディアンリズムの他に睡眠と覚醒のリズムを決定づけるものとしては、覚醒時間の長さがある。つまり人間の体には長く起きていると睡眠への欲求が高まり、眠気を感じる機能があるということである。

　これらの要因が作用し合い、睡眠と覚醒が構成され

ることになる。

【レム睡眠とノンレム睡眠】

　人間の睡眠はただ眠りについているだけでなく、いくつかの質の異なる眠りによって構成されており、心身の回復を図っている。つまり、ある時間は浅い眠りであり、またある時間は深い眠りをしており、一度の睡眠で、それを繰り返している。

　睡眠を大きく分けると2つに分けられる。急速眼球運動が見られるレム睡眠と見られないノンレム睡眠である。さらにノンレム睡眠は4つの段階に分けられ、睡眠の浅い第1段階と第2段階を浅睡眠、睡眠の深い第3段階と第4段階を深睡眠と呼ぶ。

　レム睡眠は筋肉の緊張は緩むものの、脳自体はそこまで休んでいる状態ではない。また夢を見ているときはレム睡眠である。一方、ノンレム睡眠の方は脳も活動をあまりせず、心身共に休んでいる状態となる。特に深睡眠の方にその傾向がみられる。

　レム睡眠とノンレム睡眠は約80〜100分程度の周期で1度ずつ現れる。この周期をノンレム‐レム睡眠周期と呼ぶ。一晩の睡眠ではこの周期を何度か繰り返している。尚、一般的にはノンレム‐レム睡眠周期の時間は90分であると知られているが、上記の通り、時間に少し幅があり、90分とは限らないので注意されたい。

　6〜8時間の睡眠をとれば、ノンレム‐レム睡眠周期は4,5回現れることとなる。レム睡眠とノンレム睡眠の割合は周期を経るごとに変化をしていき、睡眠の前半は深睡眠の割合が大きく、浅睡眠やレム睡眠の割合は小さい。しかし、睡眠の後半になると、浅睡眠やレム睡眠の割合が大きくなり、深睡眠の割合は小さくなる。つまり就寝直後は深睡眠により心身の回復を優先的に行い、起床直前になると浅睡眠やレム睡眠によってスムーズに目覚めることができる仕組みとなっている。

【睡眠とホルモン】

　睡眠に関連するホルモンとしてはメラトニン、コルチゾール、成長ホルモンが代表として挙げられる。

　メラトニンは脳にある松果体より分泌されるホルモンで身体の状態を鎮め、睡眠の助けとなる物質である。

必須アミノ酸の一つであるトリプトファンからセロトニンを経て、合成されている。基本的にメラトニンの分泌は日中にはあまり行われない。入眠する約1〜2時間前から分泌が増大し、夜間に分泌がピークとなる。メラトニンは光刺激の有無によってその分泌が増減する。つまり、暗い所では分泌が行われるが、明るい所では分泌が抑制されるということである。これについては睡眠環境のところで詳しく解説したい。

　コルチゾールは副腎皮質より分泌されるホルモンの一つで、ストレスを受けた時に多く分泌されることで知られ、身体を覚醒させてストレスから守る役割を持つホルモンである。コルチゾールは睡眠中あまり分泌されないが、起床の直前に多く分泌される。これはコルチゾールの覚醒作用によって、身体を起こす準備をするためであると考えられる。

　成長ホルモンは特に成長期に多く分泌されるホルモンであるが、成長だけに関わっているものではない。日々の生活で傷ついた身体を修復し、疲労回復をするために欠かせないホルモンである。成長ホルモンは睡眠時や運動時に多く分泌されていることが分かっている。睡眠時の分泌については特に入眠直後の深いノンレム睡眠時に多く分泌されている。ノンレム睡眠は脳も休んでおり、心身の回復を行う時間であるため、その時間帯に成長ホルモンが分泌されることは非常に理にかなっていると言える。

【睡眠と年齢】

　睡眠のリズムや周期は年齢によって変化する。例えば新生児はまだ睡眠のリズムが確立しておらず、昼夜を問わず3〜4時間ごとに睡眠を行っている。ノンレム‐レム睡眠周期もまだ確立されていない。赤ちゃんがよくお昼寝をするのはまさにこれである。成長するにつれ、徐々にサーカディアンリズムが形成され、小学生になる頃には成人とほぼ同じリズムとなる。一方、高齢者になると、睡眠の途中で起きたり（中途覚醒）、早朝に起きるようになる（早朝覚醒）。また昼寝や居眠りもしばしば見られる。これは加齢により、サーカディアンリズムが変化することや、退職などライフスタイルの変化によって、身体的・社会的な活動が減少し、光刺激が不足することが要因として考えられている。

【睡眠環境】

　睡眠を行うためには、その環境にも配慮が必要となる。周りが騒がしく、とても明るい部屋では上手く眠れないことを想像するのは難しくない。良い睡眠をとるには、良い環境で睡眠をとらなければならない。

　光刺激が人間のサーカディアンリズムに強い影響を与えることは上記で述べた。人間は光を浴びると体が目覚め、暗い場所では眠たくなる。そのため、睡眠をとる際の部屋の明るさには配慮が必要となる。就寝前から部屋の明るさを徐々に暗くしていき、メラトニンの分泌を促す。睡眠時は明るくても 10 ルクス（物の形がだいたい分かる程度）の明るさにしたい。30 ルクス（本が読める程度の明るさ）以上ではメラトニンの分泌が抑制され、100 ルクスでは睡眠の深さやパターンに影響が見られる。また、光の色についても昼光色の蛍光灯や LED などの白や青っぽい光はメラトニンの分泌を抑え、睡眠の妨げとなる。そのため、電球色などの赤い色の光が良いとされる。さらに就寝直前のパソコンやスマートフォンの使用、あるいはテレビの視聴などは明るい光を浴びることとなるので、就寝直前 1 時間ぐらいは避けた方が良い睡眠がとれる。その一方で朝、これらの機器を使用することによって、脳に刺激を入れ、覚醒の手助けとすることもできる。

　音の環境も睡眠に影響を与える。大体 45 デシベルを超えると睡眠に悪影響を与えるとされる。また連続的な音よりも間欠的な音の方が影響は大きくなる。音の環境は住環境や部屋の中の間取り（エアコンや冷蔵庫の配置など）にも左右されるため、個々によって原因は異なる。いずれにしてもできるだけ静かな環境にすることが、良い睡眠をとることにつながる。

　温熱環境についても睡眠にとって大事な要素の一つである。人間は恒温動物であるため、一日を通してほぼ一定の体温を保っているものの、わずかながら変動をしている。一般的に人間の体温は朝方が一番低く、昼間は高くなり、夕方ごろから低くなり始める。体温が高いときは覚醒度が高く、活発に行動ができる。一方、体温が下がってくると覚醒度が低くなり、睡眠が誘発される。睡眠中は朝方に向けて体温が下がり続けている時間帯となる。そのため、スムーズに体温を下げることができないと、質の良い睡眠とはならない。

夏季や冬季に上手く眠ることができないのは、暑さや寒さによって適切な体温調節がしにくい環境となっているためである。その様な環境の時は布団や毛布などの寝具、あるいは冷暖房などで寝床や部屋の温熱環境を調節し、スムーズな体温調節ができるようにすることが重要となる。

　睡眠前の飲食も睡眠に影響することがある。コーヒーや緑茶に含まれているカフェインは身体を興奮させる作用を持つ。就寝前に飲用するとカフェインの作用により、睡眠を妨害することとなるので就寝直前 4 時間ほど前からは避けた方が良い。またアルコールは入眠作用があるとともに興奮作用もあることが知られている。そのため、睡眠も深睡眠までいかず、浅睡眠となり、中途覚醒、早朝覚醒となってしまう。よく寝酒と言って、就寝前にアルコールを飲用する人も多いが、睡眠の観点からすると適切とは言えない。また喫煙もニコチンに覚醒作用があるため、避けた方が熟睡できる。

　また普段の食事にも気を遣う必要がある。睡眠に関連するホルモンであるメラトニンは必須アミノ酸であるトリプトファンが原料であることは既に記述した。必須アミノ酸は体の中で作られないので、食事から補う必要がある。つまり、トリプトファンを含む食事をとらないと良い睡眠にはつながらないということである。良質なたんぱく質をしっかり摂取し、トリプトファンが不足しないようにすることが肝心である。また食事については朝昼晩の 3 食をしっかりとることが大事である。特に朝食については一日のリズムを整える意味でも重要である。

【睡眠と健康】

　ここまで睡眠の機能について解説してきた。では、睡眠を取らないとどうなるのであろうか。人間は睡眠を取らないと、脳の前頭連合野と頭頂連合野という部分の機能が低下する。前頭連合野は認知機能を担当する部分であり、頭頂連合野は感覚の処理や運動をつかさどる部分である。特に前頭連合野の機能が低下すると、注意や判断能力が低下するため、重大な事故を招きやすい。アメリカ・スリーマイル島原子力発電事故やスペースシャトルチャレンジャー号爆発事故などは担当者の睡眠不足が原因の一つと言われている。また

長期間睡眠不足が続いている者は認知機能の低下が慢性化され、脳の疲労や老廃物が蓄積される。そのため、アルツハイマー型認知症発症のリスクが高くなる。このように睡眠不足はあらゆる事故や病気のリスクを高めることにつながる。

【睡眠をめぐる問題点】

　睡眠不足の者が増加していることは既に書いたが、具体的に日本人の睡眠はどのような傾向があるのであろうか。総務省が行った平成 28 年社会生活基本調査によると、日本人の睡眠時間は減少傾向にあることを指摘している。また NHK 放送文化研究所が 2015 年に行った調査の結果では 2010 年に行った調査と比べると睡眠時間はほぼ変化はなかったものの、20 年前と比べるとやはり減少していることがわかる。平成 27 年国民健康・栄養調査によると睡眠の妨げになっている理由として 20 代から 50 代で「仕事」を挙げている者が 2 割から 3 割程度見られる。また男女で比較すると、女性の方が「家事」や「育児」といった回答が多いことが分かる。年代別にみると、20 代や 30 代では「就寝前に携帯電話、メール、ゲームなどに熱中すること」と答えた者が他の年代よりも多い。また 60 代や 70 代以上になると健康状態が睡眠の妨げになっている。このように日本人の睡眠について仕事や家事、育児などに追われ、睡眠時間を確保できない様子や、SNS などの普及により昼夜を問わずコミュニケーションが取れる時代となり、夜遅くまでスマートフォンに熱中し、ずっと起きている様子が伺える。

【まとめ】

　厚生労働省では、「健康づくりのための睡眠指針 2014」を発表し、良い睡眠生活を送るために必要な項目を 12 か条にまとめている（表 1）。これはより充実した睡眠についてのわかりやすい情報を提供することを目的にこれまで蓄積したエビデンスを基に作られたものである。個々の生活状況は異なるが、できるだけこの指針に沿うように生活を改善することでより良い睡眠生活となっていくものと考えられる。まずは自分の生活習慣を見直し、改善点を挙げていくことが大事である。

表 1　健康づくりのための睡眠指針 2014（厚生労働省）

健康づくりのための睡眠指針 2014 〜睡眠 12 箇条〜
1．良い睡眠で、からだもこころも健康に。
2．適度な運動、しっかり朝食、ねむりとめざめのメリハリを。
3．良い睡眠は、生活習慣病予防につながります。
4．睡眠による休養感は、こころの健康に重要です。
5．年齢や季節に応じて、ひるまの眠気で困らない程度の睡眠を。
6．良い睡眠のためには、環境づくりも重要です。
7．若年世代は夜更かし避けて、体内時計のリズムを保つ。
8．勤労世代の疲労回復・能率アップに、毎日十分な睡眠を。
9．熟年世代は朝晩メリハリ、ひるまに適度な運動で良い睡眠。
10．眠くなってから寝床に入り、起きる時刻は遅らせない。
11．いつもと違う睡眠には、要注意。
12．眠れない、その苦しみをかかえずに、専門家に相談を。

【さらに学びを深めるためのポイント】
1．健康づくりのための睡眠指針 2014 について詳しく調べる
2．自分の睡眠生活の問題点を挙げる
3．より良い睡眠生活を送るにはどうすればよいか考える

【参考文献】
1）宮崎総一郎ほか：睡眠学Ⅰ「眠り」の科学入門, 北大路書房, 2018
2）千葉茂ほか：サーカディアンリズムと睡眠, 新興医学出版社, 2018
3）白川修一郎ほか：睡眠とメンタルヘルス - 睡眠科学への理解を深める - , ゆまに書房, 2006
4）総務省：平成 28 年度社会生活基本調査, https://www.stat.go.jp/data/shakai/2016/index.html(2019 年 5 月 12 日参照)
5）NHK 放送文化研究所：2015 年国民生活時間調査, http://www.nhk.or.jp/bunken/research/yoron/20160217_1.html(2019 年 5 月 12 日参照)
6）厚生労働省：平成 27 年国民健康・栄養調査報告, https://www.mhlw.go.jp/bunya/kenkou/eiyou/h27-houkoku.html(2019 年 5 月 12 日参照)
7）厚生労働省：健康づくりのための睡眠指針 2014, https://www.mhlw.go.jp/stf/seisakunitsuite/bunya/kenkou_iryou/kenkou/suimin/(2019 年 5 月 12 日参照)

中川雅智：聖カタリナ大学　人間健康福祉学部　健康スポーツ学科　助教

日本におけるスポーツ振興
－学生野球の特殊性－

【キーワード】　学生野球　　野球統制令

【学習のポイント】
1．野球と他競技の連盟について調べてみよう
2．自分の行っている競技連盟の歴史を調べてみよう
3．今後のスポーツ振興に向けて自分の行っている競技はどのような取り組みをしているか調べてみよう

【日本における野球の特殊性】

　日本において「野球」というスポーツの特殊性を感じたことがある人は多いのではないだろうか。メディアはプロ野球のシーズン中、毎晩試合結果を報道し、シーズンオフになると選手の移籍情報や契約更新を報道する。さらに、毎年行われるドラフト会議で多くの選手がプロ野球の門をたたく様を映し出すと思えば、戦力外通告を受けた選手にも焦点を当てる。つまり、現在の日本のプロ野球は、年俸、雇用形態、さらにはその進退までもが、その日のお茶の間の話題となる。

　次に、観客動員数という視点からみてみる。2018年のNPB（日本プロ野球機構）12球団のホームゲーム入場者数合計は2500万人を超えている（72試合）。さらに1試合平均入場者数となると、12球団トップの読売巨人軍は4万1000人を超える。そこから、阪神タイガースの約4万人、福岡ソフトバンクホークスの約3万6000人と続く。競技は異なるが、同じプロスポーツチームのJリーグでは、J1全体の18球団ホームゲーム17試合入場者数合計で約580万人、1試合平均入場者数のトップは浦和レッズの約3万5000人となっており、試合数の差を考慮しても、プロ野球の人気はJリーグを圧倒している。さらに、高校野球となるとその人気度に大きな差が表れる。今でこそ、全国高校サッカー選手権大会、全国高等学校バスケットボール選手権大会（ウィンターカップ）、全日本バレーボール高等学校選手権大会（春高バレー）もテレビ放映されるようになったが、まだまだ選抜高等学校野球大会（以下春の甲子園）、全国高

等学校野球選手権大会（以下夏の甲子園）の人気には及ばない。NHKは、春の甲子園と夏の甲子園の大会期間中、全試合を生放送し、1年を通じて約150時間を高校野球の放送に当てている。そして、その視聴率は20％を超えており（関東地区）、多くの国民が高校野球を観戦している様子がうかがえる。ちなみに、過去最高視聴率は1978年8月20日の夏の甲子園第60回大会決勝PL学園-高知商業の1戦で平日の昼間（12:55-15:25）にもかかわらず48％（関東地区）を記録した（PL学園が初優勝）。2018年の夏の甲子園では、第100回を迎える記念大会ということもあり、大会の入場者総数は8月5日から21日までの17日間（1日休養日をはさむ）で延べ101万人にも及び、第100回目にして初の入場者数100万人を突破した。このような数字だけを見ても、高校野球はすでに「国民的行事」となっていることがわかる。しかし、この点に関して、他の競技を行っている高校生やその指導者は、メディアの取り上げ方や周囲の目、さらには運営方法の違いについて違和感を覚えているのではないだろか。そこには、「なぜ同じ高校生の部活動なのに野球だけが」という思いが根底にあるというのは容易に想像できる。

　これからの日本のスポーツ振興は、1つの競技だけが突出してればよいということはない。今後は新しいスポーツ文化の形成を目指し、すべてのスポーツが互いに協力しながら多くの物事に取り組んでいかなければならない。

　そのためには、まず、日本における野球の歴史を振

り返り、なぜ野球が日本のスポーツ文化を代表するようになったかを明らかにする必要がある。

【日本における野球の歴史】

・野球人気の高まり

　1970年代初頭、文明開化の推進に協力しようと海外から日本の学校に渡ってきた外国人教師たちが課外活動として野球を始めた。その後、海外の留学先で野球を経験した日本人学生らが帰国し、グラブやボールバットなどの本場の野球道具と具体的なルールを持ち込み、東京を中心に社会人と学生の混合クラブチームや東京大学、慶應義塾大学、明治学院大学などの高等教育機関においてもチームが誕生した。そこから、野球は教育機関を通して、全国へ広がっていくこととなる。

　1903年（明治36年）には初めて、早稲田大学と慶應義塾大学の対抗戦が行われた。それ以降、この対抗戦は"早慶戦"と呼ばれ、野球熱を全国的に高める要因となる。しかし、応援団の過熱から3年後の1906年には早慶戦は中断され、以後20年間も開催されなかった。早慶戦は途絶えたものの、明治大学、法政大学、立教大学と早稲田大学、慶応大学の五大学連盟のリーグ戦が行わるようになっていた（早慶戦は開催されない変則的なリーグ戦）。こうした中、早慶戦の復活を望む声は日増しに高まり、1924年の連盟会議で1925年秋より早慶戦は復活することが決定し、同時に、東京帝国大学（現在の東京大学）の加盟承認によって東京六大学野球連盟が発足した。その後、関西六大学野球連盟、東都大学野球連盟（5大学）が発足し、1930年ごろには、全国で3つの大学野球連盟が存在するようになり、さらに、野球の人気は高まっていった。

　関東が東京六大学ならば、関西で人気を博したのは中等野球（現在の高校野球）であった。大阪朝日新聞社が主催となり、1915年には地方予選から実施し、日本一を決めるという全国中学校優勝野球大会（夏の甲子園）が開催された。当時の野球人気と新聞社の報道効果も相まって、今大会は大成功を収め、以後、多くの企業が野球大会を開催するようになる。その最大のものが、大阪朝日新聞社のライバルである大阪毎日新聞社が主催した全国選抜中等学校野球大会（1924

年：春の甲子園）である。また、1927年第13回の夏の甲子園では全国初のラジオによるスポーツ中継が行われ、同年10月には東京六大学の中継も行われ、メディアがこぞって後援に乗り出した。

東西両都市の大規模な野球大会は、企業の後押しもあって、その認知度をさらに高め、日本中が野球に熱狂していった。

・野球人気の弊害

　企業主催による野球大会が野球の大衆化に大きく貢献して行く中で、大きな問題が浮かび上がってきた。それは、学生野球の商業化である。プレーする選手が学生・生徒であるにも関わらず、宣伝を目的とした営利企業によって多くの大会が開催され、出場チームには交通費や宿泊費などの名目で多額の現金が渡されるようになっていた。当時、東京大学卒のサラリーマンの初任給が100円程度の時代に、中等野球の強豪校ともなると、1つの大会でその数倍のギャランティーを受けるケースもあった。大学野球はそのスケールをはるかに上回っている。1929年春の早慶戦では3試合で4万円を超える入場料収入を上げ、1931年の秋3試合では8万3千円にもなった。その結果、1929年当時、陸上や水泳などの競技団体が加盟していた大日本体育協会（現在の日本スポーツ協会）の年間予算がおよそ1万5千円だったのに対し、東京六大学野球の年間収入は約40万円にものぼった。体協の年間予算の25倍以上もの金額を、たった6校、100人程度の学生が稼ぎ出していたのである。

　上記のような現状から、野球の技量が優れた選手に対して、学校や野球部が授業料を免除したり生活費を与えたりして、進学・入学させるところも現れ始めた。さらに、東京六大学の選手ともなるとその知名度は極めて高く、就職活動でも有利に扱われた。そのため、野球の技量さえあれば、学校の成績に関係なく進学、就職まで決まる「スポーツの職業化」が批判され始めた。

　さらに、審判の判定や応援団同士のいさかいをきっかけに起こる乱闘騒ぎなども社会的な批判の的となり、野球界は大きく揺れた。野球の人気が高まっていくことで、その弊害も明らかになり、学生野球の社会

的ルールと全国的な組織を作ろうとする動きがはじまった。

・野球統制令の制定

　学生野球の社会的なルール作りのために「野球協会」の設立に向けた動きがあったものの、頓挫してしまった。その代わりに文部省（現在の文部科学省）が体育運動審議会を発足させた。この審議会では、文部省が学生野球の統制団体が設置されるまで学生野球を統制することを決定した。つまり、期限付きではあるが、国の機関が学生野球を統制することになった。これを受けて、文部省は、野球統制臨時委員会を立ち上げ、小学校、中等学校、大学・専門学校の試合規定をそれぞれ作成した。そして、「野球ノ統制並施工ニ関スル件」（以下野球統制令）を施行した。

野球統制令の内容

最初に学生野球を
「教育ノ本義ニ則リテ運動競技ノ精神ヲ発揮セシムル」という思想善導の一環とした。

・対外試合の参加は、学校長の承認が必要
・留年した選手の試合出場の禁止
・学生がプロの試合へ出場することの禁止
・プロチームとの試合の禁止
・入場料の使途の制限
・応援団は党外交の教職員と生徒のみで、組織され、制服・制帽の着用の義務

　野球統制令は学生野球の弊害として批判されていた商業主義化、選手の学業、応援団に対しての明確なルールを定めたものとなった。野球統制令が発令されてからは、企業が主催する中等野球大会は原則禁止となった。しかし、その中心ともいえる夏の甲子園と春の甲子園の2大会は文部省が公認する大会として存続することになる。これは、予算不足に悩まされていた文部省がこの2つの全国大会だけは企業の力を借りて開催することを決めたためである。そのため、商業主義の抑制という面では不徹底なものに終わってしまった。さらに、上記の2大会を主催する大阪朝日新聞社、

大阪毎日新聞社と文部省の関係性についても多くの批判や風説が流れた。一方で、文部省はスポーツ予算である「体育研究及奨励費」を用いて、スポーツ関連施設の整備を進め、同時に公営球場の整備や増設も行い、野球の振興も一役買っていた。

・戦時下の野球

　昭和時代になり日本スポーツ界は盛り上がりを見せてきたものの、戦争の時代へと突入していく。1937年から始まった日中戦争が長期化してきたことから、日本国内の教育現場でも戦争への対応が強化され始めた。スポーツ界も戦時色が深まり、スポーツの実践について、大きな二つの方針が示された。一つは、国民全体の体力の向上を目的とした国民体育の推進であり、もう一つは、質実剛健、堅忍持久などに則った、挙国一致の皇国民意識の向上である。これにより、剣道、柔道などの武道が「日本精神」を体現するものとして振興されるようになり、「日本精神による日本的な教育」を推進するような社会情勢へと変わっていった。それにより、西洋スポーツの排撃の機運が高まり、西洋生まれの野球もその論争に巻き込まれた。さらに、文部省は1943年に「戦時学徒体育訓練実施要項」を発し、「精神訓練・体力訓練・科学訓練の一体化」を目指し、国民の体力向上を目的とすることで戦力増強を行うことを明示した。その結果、西洋スポーツかつ目に見えて体力向上がわからない野球は「戦時体育」から外され、リーグ戦開催中止の指示も受けた。戦争によって明治時代より続く野球の歴史は途絶えようとしていた。

　こうした中で、なんとか野球文化を存続させようと活動していた人物が数多くいる。その一人が飛田穂洲である。飛田は野球の唯一の目的を「魂の洗練」とし、野球は「練習に試合に難行苦行が積まれる」もので、「苦痛の壺の中に投じられているようなもの」として「死の練習」を行うことにより、「武士道的野球」を体得することができるとした。さらに、「野球部愛」、「母校愛」が「国家愛」につながり、それらが「団体精神」、「犠牲的精神」の育成へと進み、このような精神性は戦争に役立つと強調した。

※注釈※

> 飛田穂洲は決して戦争を肯定したわけではない。もともとの願いは学生野球界の弊害を浄化し、健全な発展をしていくことにあった。野球統制令などの文部省の介入も必要なものとしていたが、日中開戦以後は「圧迫干渉」と感じていた。学生野球の発展のために、国の野球に対する干渉に対して真っ向から敵対した。

しかし、西洋スポーツ排撃論や国民体育の推進から選手中心のスポーツ文化は排除されつつあり、1938年7月のオリンピック東京大会の返上決定により、完全にその足場を失ってしまった。そこから、夏の甲子園、春の甲子園の中止、大学野球連盟の解散と飛田穂洲らの抵抗も実を結ぶことはなく、学生野球の文化は途絶えてしまった。

余談

> 職業野球（現在のプロ野球）は、敗戦の1年前（1944年）まで行われていた。
> しかし、外国語が禁止されていたため「ストライク」、「アウト」などは使用せず、「一本」、「引け」などの用語で試合を行っていた。

【これからの野球界】

これまでの野球の歴史からわかるように、野球は学生スポーツから始まり、その人気を統制する為に国の機関が動いたりした。多くの国民が学生の一投一打に熱狂していたが、戦争によって中断してしまった。そのことから考えると、戦後すぐに学生の野球機関（中等学校野球連盟：現在の高校野球連盟）が発足したのも頷けるだろう。そして、朝日新聞社の助けを借りながら、すぐに夏の甲子園は開催され、敗戦の底にいた日本国民に元気と勇気を与えた。そして、学生野球界は野球統制令や戦時中の扱いを糧に、日本学生野球協会を設立し、学生野球憲章を制定した。

学生野球憲章は、改定を加えられながら現在も存在している。しかし、近年のスポーツ界の大きな変化に対応できず非難されることも多くなってきた。様々な時代を駆け抜けてきた学生野球だからこそ、過去の過ちを繰り返さないよう慎重になっているのではないだろうか。しかし、先も述べたように日本のスポーツは野球が中心となっている。野球界がその特殊性に胡坐をかくことなく、先頭に立って日本のスポーツ界をより良い方向へ導いてくれることを願う。

【さらに学びを深めるためのポイント】
1．戦時中のスポーツの動向について調べてみよう。
2．自分の行っているスポーツのプロ化について調べてみよう。
3．プロとアマチュアの違いについて調べてみよう。

【参考文献】
1) Video Research Ltd.: 視聴率データ集刊行世帯視聴率番組 Vol.34,2018 年 8 月 20（月）〜 8 月 26 日（日）https://www.videor.
  co.jp/tvrating/2018/08/12156.html
  2019 年 5 月 31 日閲覧.
3) 中村哲也：学生野球憲章とはなにか - 自治から見る日本野球史 -. 青弓社 ,2010.
4) 山室寛之：野球と戦争 - 日本野球受難小史 -. 中公新書 ,2010.
5) 金崎泰英：日本野球界のエトスの検討 - 学生野球に求められる「精神性」の歴史的変遷 - 現代社会文化研究 No.53,2012.
6) 佐山和夫：日本野球はなぜベースボールを超えたのか -「フェアネス」と「武士道」- 彩流社 ,2007.

大城卓也：聖カタリナ大学　人間健康福祉学部　健康スポーツ学科　助教

日本におけるスポーツ振興
－体育とスポーツの違いと歴史－

【キーワード】　三育体育　　スポーツ

【学習のポイント】
1. 体育とスポーツの違いを調べてみよう
2. スポーツ振興の歴史を調べてみよう
3. スポーツ振興に関する法律を3つ調べてみよう

【日本の"体育"とは？】

　日本のスポーツ振興について学びを深めるために
は、最初に日本の体育とスポーツの歴史を探らなけれ
ばならない。そして、その中でも"体育"と"スポーツ"
の違いについて理解することが最も重要である。

　体育という言葉の出現は、明治時代までさかのぼる
こととなる。1868年（明治元年）の明治維新以降、
明治政府は西洋の科学技術文明を目の当たりにし、新
しい時代にふさわしい教育制度を整え、優れた人材を
育成することで先進国に追いつこうとした。そして、
明治政府は1871年（明治4年）に文部省（現在の
文部科学省）を創設し、その翌年に学制（日本最初の
近代的学校制度を定めた教育法令。教育令の交付によ
り、1879年廃止）を施行し、近代教育の礎を築いて
いった。さらに、福沢諭吉（1835〜1901）は、「学
問のすゝめ」（1872年：明治5年初編出版、全十七編）
において「教育の基本は、智育（知育）、徳育、体育
の三育である」と述べた。この時から、体育は教育の
柱として考えられるようになってきた。そして現在、
この三育は、「確かな学力、豊かな人間性、健康・体力」
として形を変えて文部科学省の学習指導要領（小学校
以降の学校での教育指針が定義されたもの）に記載さ
れており、現代の教育に受け継がれている。

教員採用試験を受ける人へもうワンステップ

　福沢諭吉が「学問のすゝめ」で述べた三育は、当
時の社会学者ハーバード・スペンサー（イギリス）
が「教育論」で述べたことが始まりと言われている。
以下の図1は「三育」をまとめたものである。
しっかりと覚えておこう。

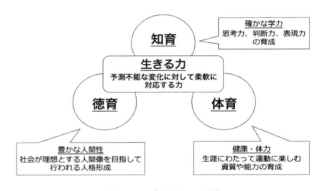

図1　三育とその目的

【日本の"体育"の歴史】

　前述のように、ひとつの教育思想として考えられて
いる体育だが、実際に学校教育として"体育"という
言葉が使用され始めたのは太平洋戦争終戦後の1947
年（昭和22年）である。アメリカが占領政策のひと
つとして定めた学校体育指導要綱で体練科を体育科と
して改めたことが始まりとされている。それまで運動
に関する教科は、時代ごとに、遊戯、体操、教練、体
練といった用語で位置づけられていたが、体育という

言葉は用いられていなかった。特に、体育に変わるまで用いられていた "体練" は、戦時の体制にともなって作られた言葉であり、当時は、兵士育成の役割を担っていた。この体練が現在の学校教育の体育として位置づけられている。先の福沢諭吉らのように "体育" という言葉は教育思想の中から生まれてきた言葉だが、終戦を機に体練に当てはめられてしまった。そのため、体育は体練と混同され精神論や体罰と結びつきやすいとされている。さらに、"スポーツ" との混同もその役割を阻害していると考えられる。

【"スポーツ" とは？】

　ここでは、"体育" と混同されがちな "スポーツ" について述べる。基本的に言葉というのは文化を象徴する第一のコミュニケーション・ツールなので、外国語は翻訳されて自国語に置き換えられる。"スポーツ" という言葉は、日本語だと「運動競技」や「身体活動」、「体育」と訳される。しかし、実際は "Sports" という英語がそのまま使用されることが多い。この事情は日本だけでなく他国においても同じで、どの国でも "スポーツ" という言葉である程度の現象と意味を伝えることができる。このことから、"スポーツ" という言葉は世界共通の定義があると考えることができる。

　スポーツの定義を決めるにあたり、世界的に動き始めたのは 1964 年の東京オリンピック・スポーツ科学会議の場で、国際スポーツ・体育協議会（現在の国際スポーツ科学・体育協議会：International Council of Sport Science and Physical Education、略称 ICSSPE）が国際共通語としてのスポーツの定義や領域の提言をしたことに始まる。そこから 4 年間の国際的な検討を経て、1968 年メキシコオリンピックスポーツ科学会議にて「スポーツとは、遊戯の性格を持ち、自己または他人との競争、あるいは自然の障害との対決を含む運動」というスポーツの定義を示した「スポーツ宣言」が採択された。そして、現在も「スポーツ宣言」は世界共通のスポーツとしての考え方、とらえ方として尊重されるものとなっている。

> **Point　「スポーツの三要素」**
> 1 つの運動をスポーツと認めるためには、
> 以下の 3 つの要素が含まれている。
> ・遊戯　　　・闘争　　　・はげしい肉体活動

【日本の "スポーツ" の歴史】

　「スポーツ宣言」が採択され、世界的にスポーツが広まっていった。そして、現在、スポーツは多くの人々の心を動かす世界共通の文化となっている。そのスポーツは日本でどのような広がりを見せていったのだろうか。

　まず、日本のスポーツの歴史は明治以前、明治時代、大正時代、昭和前期、昭和後期、平成時代と 6 つの時代に分けることができる。

　明治以前のスポーツは、祭礼行事として行われた。代表的なものでは相撲があげられる。相撲はその年の農作物の収穫を占う祭りの儀式として行われていた。そこから相撲は長い年月をかけてルール化され、洗練され、様式化をすることで現在のスポーツとしての形態を整えている。

　明治時代になると、欧米より近代スポーツが日本へ入ってきた。欧米のスポーツは大学を中心広がっていき、そこから大衆へ浸透していった。最初に入ってきたスポーツは野球である。国民の間で爆発的な人気が出て、大学間でも盛んに試合が行われるようになった。特に、早稲田大学と慶応大学の早慶戦は注目度が高く、当時はオックスフォード大学対ケンブリッジ大のボートレース（イギリス）、エール大対ハーバード大の諸競技（アメリカ合衆国）と並んで、世界三大カレッジゲームと呼ばれるほどであった。なお、野球人気はとどまるところを知らず、日露戦争中（1905 年、明治 38 年）ではあるが、早稲田大学はアメリカに渡り、西海岸の諸大学と試合を行った。これが日本の国際競技遠征のはじめとなった。また、この時期は、「体操」が軍事訓練として教育課程に取り入れられたのも特徴である。

　大正時代は、スポーツの近代化が進み、日本のスポーツが海外の舞台へと進出していった。大正元年には、ストックホルムオリンピックに 2 人の日本人が初出

場した（金栗四三：男子マラソン、三島弥彦：短距離）。さらに、大正6年には日本初の国際競技会である第3回極東選手権競技大会が東京で開催された。このように、大正時代は、日本のスポーツが国際的な地位を確立していった時代であるといえる。また、明治後期より日本国内で人気が高まり続けていた野球は、大正4年に第1回全国中等学校野球大会（現在の全国高校野球選手権大会：夏の甲子園）が開催され、大正13年には第1回選抜中等学校野球大会（現在の選抜高等学校野球大会：春の甲子園）を開催し、国内のスポーツ文化に大きな影響を与えた。

　昭和前期は、様々な競技で日本人選手が国際的な活躍を見せ始めた。第9回アムステルダムオリンピックでは5つのメダル（金：2個、銀：2個、銅：1個）、第10回ロサンゼルスオリンピックでは18個のメダルを獲得した（金：7個、銀：7個、銅：4個）。

　しかし、国際情勢が変わり日本国においてスポーツは戦争で使用する道具となる時代に突入していく。例えば、明治期から続いていた「体操（科）」は武道と競技を加えた戦技訓練へと変化した。さらに、国民学校令（1941年）により、「競技」は体を鍛錬し精神を錬磨して闊達剛健（かったつごうけん）なる心身を育成し献身奉公（けんしんほうこう）の実践力に培うことが目的とされる「体練科」としてより軍事色の強い科目へと再編成された。この流れは、第二次世界大戦が終戦するまで続いた。

　昭和後期のスポーツの歴史は、現在の日本のスポーツの大きな土台を作った時代だと言える。第二次世界大戦が終わり、マッカーサー率いるGHQ（連合国軍最高司令官総司令部）による教育改革が行われ、「体練科」は、「体育科」へと編成された（1945年）。そして、国民の中に新しい体育が浸透していく中で、戦後の混乱期に体育で多くの人々に明るい希望と勇気を与えようという趣旨から平沼亮三（大日本体育協会理事：現在の日本スポーツ協会）や末弘源太郎（大日本水泳競技連盟会長：現在の日本水泳連盟）、清瀬三郎（大日本体育協会理事長）らが中心となり、1946年、京阪神地域で第1回国民体育大会（近畿国体）が開催された。

　第1回国民体育大会が成功し、年に1度のスポーツの祭典となっていくことに並行して、体育・スポーツに関する法律も整備され始めた。1947年には教育基本法が制定され、心身ともに健康な国民の育成を教育の目的として掲げた。さらに、1949年には社会教育法が制定され、体育及びレクリエーションの活動が社会教育に含まれるようになった。しかし、上記の法律におけるスポーツについての規定はまだまだ抽象的であり、スポーツの抜本的進行を図る法律を制定する必要があった。そして、スポーツによる国民の関心の高まりや1964年の東京オリンピック開催決定により、1961年に日本のスポーツ振興の基本を定めた初めて法律として「スポーツ振興法」が制定された。このスポーツ振興法と共に昭和後期の日本のスポーツは発展していく（東京オリンピック、札幌冬季オリンピック開催、読売巨人軍V9時代、力道山の登場、高校野球：夏将軍松山商業など）。

　平成時代は、日本において新しいスポーツ文化を築いた時代と言える。例えば、1992年のバルセロナオリンピックでは岩崎恭子選手が競泳で史上最年少の14歳6日で金メダルを獲得した。1993年にはJリーグが10チームからが発足。1998年には日本が初めてワールドカップに出場（フランス大会：グループリーグ敗退）。2000年のシドニーオリンピックでは高橋尚子選手が日本女子陸上史上初の金メダルを獲得。2001年には、国立スポーツ科学センター（JISS）を建設され、2002年には日韓ワールドカップの開催（ベスト16）、2004年のアテネオリンピックでは金メダル16個、銀メダル9個、銅メダル12個とメダルラッ

シュを実現し、2006年の第1回ワールドベースボールクラシックでは、日本が初代王者に輝いた。さらに、2008年ナショナルトレーニングセンター（NTC）が建設された。上記のように日本人選手の世界的な活躍やスポーツ科学の発展により、国民のスポーツに関する関心は最高潮に達した。それらを踏まえ、文部科学省は今後の日本のスポーツ政策の基本的方向性を示す「スポーツ立国戦略」を策定した（2010年）。スポーツ立国戦略では「新たなスポーツ文化の確立～すべての人々にスポーツを！スポーツの楽しみ・感動を分かち、支え合う社会へ～」を目指し、5つの重点戦略を掲げた（表1）。

表1　スポーツ立国戦略の主な内容

基本的な考え方
1.人（する人、観る人、支える（育てる）人の重視
2.連携・協働の推進
5つの重点戦略
1.ライフステージに応じたスポーツ機会の創造
2.世界で競い合うトップアスリートの育成
3.スポーツ界の連携・協働による「好循環」の創出
4.スポーツ界における透明性や公平・公正性の向上
5.社会全体でスポーツを支える基盤の整備

そして、スポーツ立国戦略よりスポーツ振興法を全面改正し、新たに「スポーツ基本法」を制定した（2011年）。このスポーツ基本法では、前文で「スポーツ立国の実現を目指し、国家戦略として、スポーツに関する施策を総合的かつ計画的に推進する」と謳い、スポーツ振興を国家戦略として位置づけた。そこから、スポーツ振興に関する動きは一気に加速し、翌年（2012年）にはスポーツ基本法の理念を具体化した「スポーツ基本計画」を策定。そして、2013年には56年ぶりの2020年東京オリンピック・パラリンピックの開催が決定した。さらに、スポーツ基本法の制定、東京オリンピック・パラリンピックなどの日本開催を踏まえ、2015年に文部科学省の外局としてスポーツ庁（初代長官はソウル五輪競泳金メダリスト鈴木大地氏）を設置した。

現在、日本ではスポーツ庁を中心に東京オリンピック・パラリンピックの準備や運動部活動の改革、学習指導要領の改訂、幼児期の運動指針の策定やスポーツの産業化、さらには、大学スポーツの振興に向けてUNIVAS（大学スポーツ協会）を設立するなど様々なスポーツ振興に関する取り組みを行っている。

令和を迎え、東京オリンピック・パラリンピック開催後まで見据えた、日本の新たなスポーツ文化の確立に期待が高まる。

【さらに学びを深めるためのポイント】
1．ハーバード・スペンサーについて詳しく調べてみよう。
2．スポーツの三要素についてより詳しく調べてみよう。
3．日本スポーツ協会、国民体育大会について調べてみよう。
4．戦後から現在までのスポーツ振興の流れを整理しよう。

【参考文献】
1）Charles B.P. et al : A prospective study of high school wrestling injuries. Am J Sports Me. 28:509-515,2000
3）井上俊、菊幸一：よくわかるスポーツ文化論. ミネルヴァ書房.2012.
4）阿部生雄：近代スポーツマンシップの誕生と成長. 筑波大学出版会.2009.
5）日本相撲協会ホームページ
6）スポーツ指導・実務ハンドブック～法、政策、行政、文化～第2版ダイジェスト版
7）文部科学省ホームページ

大城卓也：聖カタリナ大学　人間健康福祉学部　健康スポーツ学科　助教

Olympics Sports: Here Today, Gone Tomorrow

【キーワード】 Olympics　　sports history　　host country sports

【学習のポイント】
1．夏季オリンピック開催国および開催年について調べなさい。
2．20 世紀前半と後半で人気があったスポーツをそれぞれ調べなさい。
3．東京オリンピック（1964 年・2020 年）における種目の違いを調べなさい。

Tug of war, rope climbing, and croquet. What do these have in common? We might consider them games or P.E. activities today, but they were all at one time an Olympic sport. You won't find them in the Tokyo 2020 Olympic Games. The first modern Olympic games were held in Athens in1896 and since then several sports and many events have been added and several have been discontinued.

The tug of war was an event in several Olympics from 1900 to 1920. Each team had eight men and the winners had to pull the opposite team over six feet. Rope climb racing appeared in the Olympics from 1896 to 1932. The gold medal winner in 1904 was a gymnast who had a wooden leg.

Some sports were included because they were played in the host country. In the Paris 1900 Olympic Games, the game of croquet (the game on which gateball was based) was played but only French people competed. It was so unpopular that only one person bought a ticket to watch the game. However, this event was the first Olympic event in which women participated.

Another event held only in the Paris 1900 Olympic Games was a long jump—but not for people. It was for horses. The horses' riders raced as fast as possible and then had the horse jump as far as possible. The longest was 6.10 meters; not so impressive today since the world record for a human running long jump is 8.95 meters.

In the 1904 Olympics (hosted by the United States) there was a swimming event called the distance plunge. A person dove into a swimming pool and continued underwater as long as possible for up to 60 seconds without moving arms or legs. Only athletes from the host country competed in this event so, naturally, an American won the gold medal.

Sometimes only certain events were removed. Human jumps are still part of the Olympics, but from 1900 to 1912, there were events for a standing high jump and a standing long jump. Four times the champion was a man who had once been partially paralyzed with polio. He set the record for a standing high jump of 1.65 meters and 3.47 for a standing long.

During the Olympic games there have also been demonstration sports. These competitions are not eligible for earning medals. Some sports or sports events enter the Olympics as demonstration sports and never become official medal-earning sports. Various shooting competitions have been in the Olympics since 1896. However, in the 1900 games in Paris, there was demonstration sport called live pigeon shooting. Over 300 pigeons were killed. Needless to say, this event never became an official Olympic medal competition. American football was played as a demonstration sport in 1904 and 1932 but never became an official sport. Lacrosse was played competitively for medals two times—in 1904 and 1908—but it has only been a demonstration sport since then—in 1928, 1932, and 1948.

Another example is wheelchair racing, which has been demonstrated six times—from 1984 to 2004. It never become an official Olympic event, but in the Tokyo 2020 Paralympic Games there will be wheelchair basketball and wheelchair fencing (which have been played since 1960); wheelchair tennis (which has been played since 1992); and, wheelchair rugby (which has been a Paralympic sport since 2000.)

A demonstration sport can be a stepping stone to becoming an official sport. Women's judo was a demonstration sport in 1988 before becoming an official medal sport in 1992. Taekwondo was demonstrated in 1988 and 1992 and become an official Olympic sport in 2000. Also, para-taekwondo will be a new sport in the Tokyo 2020 Paralympic Games.

Some sports appear in the Olympics, disappear, and then appear again. Golf, for example was played in 1900 and 1904 and then it disappeared. However,

it was brought back as an official sport in 2016, more than one hundred years later.

Fans of baseball in Japan may think that it is obvious that baseball should be an official Olympic sport. However, it had only been an official Olympic sport from 1992 until 2008. It was a demonstration sport many times before that—in 1904, 1912, 1924, 1936, 1952, 1956, 1964, 1984 and 1988. Softball was played in the Olympics from 1996 to 2008—but only as a women's sport. The gold medal winning team in 2008, incidentally, was from Japan—beating the US team. Baseball and softball will return to the Tokyo 2020 Olympic Games. These two sports, along with karate, skateboarding, sport climbing and surfing were added to the 2020 Olympics in Tokyo.

The first modern Olympics in 1896 had only nine sports. Although several sports and many sports events have been removed from the games, the number of sports contested has continued to grow. In the 2020 Olympics in Tokyo, 33 sports are scheduled for competition. Only time will tell how the Olympic Games will continue to change in the future.

【さらに学びを深めるためのポイント】
1．自分が好きなスポーツ種目のオリンピックの歴史について調べてみよう。
2．なぜスポーツには流行があるのか考えてみよう。
3．2020 年オリンピックの新種目はなぜ採用されたのか考えてみよう。

【参考文献】
1) Sports of the Olympic Games. https://www.topendsports.com/index.htm Accessed 7/31/2019
2) Really Strange Sports that are no longer in the Olympics http://olympics.time.com/2012/07/16/really-strange-sports-that-are-longer-in-the-olympics Accessed 7/31/2019
3) IOC Approves Five New Sports for Tokyo Olympics 2020. https://www.olympic.org/news/ioc-approves-five-new-sports-for-olympic-games-tokyo-2020 Accessed 7/31/2019

ロウ、リンダ・クリステイン：聖カタリナ大学　人間健康福祉学部　健康スポーツ学科　特任教授

New Sports that Became Popular Sports

【キーワード】 new sports   basketball   volleyball   gateball

【学習のポイント】
1．キーワードから1つのスポーツ種目を選択して、その起源について調べなさい。
2．最新のニュースポーツについて調べなさい。
3．キーワードから1つのスポーツ種目を選択して、その種目の発展について調べなさい。

Games similar to soccer, rugby and bowling have been played around the world for hundreds of years. However, sometimes there is a need for a new sport. This article will tell you about three sports that were invented because a teacher or a sports person needed to find a better game to meet the needs of the people around them. Each sport used old ways of playing and developed new rules and new equipment to be used in new ways.

In 1891, a 31-year old Canadian teacher named Naismith had to teach students inside a gym at a school in Massachusetts (USA) because it was too cold and rainy and icy to play outside. The students loved the excitement of games like soccer and lacrosse so he wanted a new, fast game in which the students would have fun, keep moving, get lots of exercise and not have too many injuries. There were 18 students in his class so he made two teams of nine players. He used round wooden baskets used for harvesting peaches. He attached the baskets to a balcony about three meters from the gym floor. At first someone needed to climb a ladder to take out the ball each time someone made a basket. Backboards were added in 1895. It wasn't until 1912 that games played with an open net on a metal hoop were approved. At first, they used the same ball that was used for playing soccer outdoors but they were heavy and hard to use. Later bigger and lighter balls were developed that bounced better and were good for dribbling and shooting.

There were 13 simple rules at first. For example, a player could throw or bat the ball with one or two hands (not the fist). A player had to stop when he caught the ball and couldn't move while holding the ball. Dribbling was not part of the original game but this changed. At first, one bounce was allowed on a pass but by 1909 dribbling was allowed. The goal was to get the ball in the basket and get one point for your team. The NBA didn't start allowing three-point shots until 1977. At first, there were two 15-minute halves but this was soon extended to 20 minutes. Overtime wasn't included until the 1960s.

A few years after basketball was established, a physical education teacher who was a friend of Naismith decided that a game was needed for older, not very athletic persons to play indoors that wasn't aggressive. In 1895 he invented a game he called Mintonette. It was a combination of basketball, tennis and handball. He borrowed the idea of innings from baseball. It used a net less than 2 meters high and the goal was for a team to get the ball over the net without dropping it or hitting the net. The ball could be hit as many times as possible. The number of players per team was not decided at first. Because the ball had to be volleyed into the air so many times to keep it in play the name of the game was soon changed to volleyball. Limiting the number of volleys, setting and spiking didn't become part of the game until more than 25 years later. To make the game easier to play, the ball had to be newly developed. At first, they tried to play with a basketball but it was too heavy. Then they used the inside part of the basketball only but it was too hard to control. The first new balls were made in 1900 by Spalding, a company that made baseballs. This ball style was used until 2008 when Mikasa developed a new design that is still popular today. For many years the game of volleyball was played for recreation and in many regions the rules were different. In fact, setting and spiking the ball are plays that were developed in the Philippines in 1917. The international rules became standardized in 1947. The first volleyball games in the Olympics were in Tokyo in 1964. The Japanese women's team took the gold.

After World War II, it was hard to make the balls for many games, but one man in Hokkaido realized that balls could be made from wood. In 1947 he introduced the game of gateball. It is originally based on the game croquet, which is popular in Europe. Did you know that the game of gateball was originally designed for children? Now, because it is a team sport that involves strategy and cognitive training with low intensity exercise, it has become popular with all ages. The game is played in China, South Korea, Taiwan and other Asian countries. It is also popular in South America. It is said that nowadays there are about 10 million people who play gateball in more than 50 countries and regions.

These mainstream, popular sports were once new sports. They started as ideas based on other sports. As the games become more popular and teams and associations were formed, the rules and equipment changed. So, now, we have the very special sports of basketball, volleyball and gateball of today. They are games designed for everyone to play but, also, games that take a high level of skills to do well. Who knows, perhaps you may be able to start a new sport today that will continue and still be popular more than one hundred years from now.

【さらに学びを深めるためのポイント】
１．キーワード以外の自分が好きなスポーツの歴史を調べなさい。
２．上で挙げたスポーツの競技団体や協会の成り立ちや歴史を調べなさい。
３．日本特有なスポーツの歴史を調べなさい。

【参考文献】
1) Where Basketball was Invented: The History of Basketball. https://springfield.edu/where-basketball-was-invented-the-birthplace-of-basketball Accessed 7/27/19
2) History of Basketball. https://www.sportsknowhow.com/basketball/history/basketball-history.shtml Accessed 7/27/19.
3) A Chronological Look at the Major Refinements https://hooptactics.com/Basketball_Basics_History Accessed 7/27/19
4) History of Volleyball. https://www.volleyhall.org/page/show/3821594-history-of-volleyball Accessed 7/27/19
5) Volleyball: A Brief History. https://www.olympic.org/news/volleyball-a-brief-history Accessed 1/10/2019.
6) History of Volleyball Balls. https://www.sportsrec.com/352681-history-of-volleyball-balls.html accessed 7/27/19
7) History of gateball. http://www.gateball.asia/en_rekishi.php Accessed 1/10/2019.
8) History of Gateball: A Sport Born in Japan! http://gateball.or.jp/wgu/play/play_04.html Accessed 1/10/2019.

ロウ、リンダ・クリステイン：聖カタリナ大学　人間健康福祉学部　健康スポーツ学科　特任教授

Fun, Fantastic and Far-Fetched Sports

【キーワード】 unusual sports　　local sports　　new variations of old sports

【学習のポイント】
1．地域の習慣がスポーツへ与える影響を調べなさい。
2．メジャースポーツ以外の種目にはどのようなものがあるか調べなさい。
3．日本にあるローカルスポーツを調べなさい。

Sometimes we just want to have fun. Sometimes we find an interesting way to play a sport in a different way. And, sometimes we are inspired by something fantastic we see in the movies. This article will introduce some sports, games, and competitions that are out of the mainstream, yet may be interesting to you.

Some sports or games are just played in different ways. Most people know about horse racing, but in Japan, there is a version of horseracing pulling heavy carts called ban'ei.

If you live in Australia, you can watch ostrich racing. Ostriches can run almost 70 kilometers per hour. The ostriches, like horses, are raced with a jockey on their backs.

There are other variations of sports using animals around the world. Spain is famous for bull fighting in which the matador challenges the bull, but, in Uwajima, Ehime Prefecture, the bulls fight head to head, like sumo wrestlers. Similarly, in Turkey, camels wrestle against each other. In some Southeast Asian countries, elephants are used to play polo and soccer.

There are many variations for racing. If you don't want to race an animal, how about racing a bed or racing a boat made out of milk cartons. In Russia the game of curling developed into a game of car-curling. Teams with 10 players attempt to push a compact car to the goal. One person sits in the car and steers it. The other nine push it. The car engine and all glass are removed from the cars before they can be used. Another variation on a sport is to play cycleball (soccer on a bicycle) or motorball (soccer while riding a motorcycle). Or, how about playing a sport in the nude. Each year, for example, a World Naked Bike Ride is held in many places throughout the world. Did you play 'tag' as a child? Try the Indian version, kabaddi, for an even more competitive variation.

There are many local sports that are inspired by the local customs and industry. In Glouchester England, people try to catch and carry a three kilogram wheel of cheese that is rolled down a very long, steep hill. The hill is so steep that most of the competitors roll down the hill, too. The first person to make it over the finish line with the cheese gets to keep the cheese as a prize.

Some sports or competitions are just too far-fetched to want to try. In England there is a competition for men to see how long they can keep a ferret in their pants. The pants are tied off at the ankles and waist and no underwear is allowed. The competitors can drink alcohol but the ferrets cannot be given anything. The record is over 5 hours.

One unusual individual sport is called extreme ironing. The goal is to be photographed or recorded while ironing a shirt in an extreme situation, such as on top of a moving car, while water skiing, or on top of a mountain. Another extreme sport is sporthoking. Hoking is the German word for stool. It may look like skateboarding, but at the end each move the competitor must land in a sitting position.

Many sports are just for fun. The participants compete, but having fun seems more important than winning. In Finland, for example, there is a wife-carrying competition (though marriage is not required and any man/woman team is possible). The woman must be at least 17 years of age and weigh more than 49 kilograms. The men carry them through obstacles for 253.5 meters. The fastest team to complete the course wins a new cell phone and the woman's weight in beer. Every time a woman is dropped a 15-second penalty is added.

There are some sports that have been inspired by books and movies. In a comic series written in France in the 1990s, there were competitions that combined boxing and chess. By 2003 this had developed into a sport with a world championship. The competitors play chess for 4 minutes and then box for 2 or 3 minutes. This lasts for 11 rounds or until there is a knock out or checkmate.

After the popularity of the Harry Potter series of books and movies, a real game of Quidditch was developed. It combines rugby, tag, and dodge-ball. The players must always have a broomstick between their legs. Quidditch now has its own World Cup competition as well.

Star Wars inspired lightsaber fencing. Using LED lights and hard polycarbonate swords, the fencers get different points for strikes to the head, arms. legs, or hands. In order to make a strike with a lightsaber, the fencer must put the lightsaber behind the back first. This sport has now been approved by the French Fencing Federation as an official sport.

When sports are interesting, we want to watch them. When we watch them. we want to play them. These sports, games, and competitions have become popular and have remained popular for various reasons. All these sports can be found on YouTube. Please look to see which are interesting and which you may want to play.

【さらに学びを深めるためのポイント】
1．文中にあるスポーツを動画サイトで視聴して、感想を述べなさい。
2．あなたが実際に行ってみたいスポーツとその理由を述べなさい。
3．あなたが知っているスポーツの中で、さらに楽しくするためにはどのようなルール変更があるか考えてみよう。

【参考文献】
1) 14 of the most unusual sports played around the world https://www.businessinsider.com/unusual-sports-around-the-world-2016-3/ Accessed 7/27/2019.
2) Encyclopedia of Sports https://www.topendsports.com/sport/encyclopedia.htm Accessed 5/10/2019.
3) Lightsaber dueling officially becomes recognized by French fencing federation https://www.washingtonpost.com/sports/2019/02/20/lightsaber-dueling-officially-becomes-recognized-by-french-fencing-federation/?noredirect=on&utm_term=.145ba2de8a0d Accessed 7/27/19
4) Top 10 Unusual Sports You've Probably Never Heard of https://www.wonderslist.com/top-10-unusual-sports/ Accessed 7/27/201

ロウ、リンダ・クリステイン：聖カタリナ大学　人間健康福祉学部　健康スポーツ学科　特任教授

レクリエーション

【キーワード】 レクリエーション　　レクリエーション支援　　レクリエーション資格

【学習のポイント】
1．レクリエーションとは
2．支援者としての基礎知識
3．レクリエーションに関する資格

【レクリエーションとは】

　レクリエーションとは、広辞苑によると、「仕事や勉強などの疲れを、休養や娯楽によって精神的・肉体的に回復すること。またそのために行う休養や娯楽」である。キーワードは「休養」と「娯楽」であり、余暇を積極的に利用するという「積極的休養」の考え方がレクリエーションには強く意識されている。

　re（再び）、create（つくる）ということで、「再び創る」こと、「創り直し」を意味し、元気回復のための遊びや楽しい活動自体をレクリエーションと呼ぶようになった。元々、レクリエーションは、休養、保養、慰安、娯楽、遊戯、楽しみ、厚生という言葉で表されていたが、戦後、「レクリエーション」というカタカナ語が定着するようになった。

　日本レクリエーション協会では、以下のようにレクリエーションに関する用語を定義している。

①レクリエーションの主旨（目的）
　人々の心を元気にすること。

②レクリエーション活動
　人々の心を元気にする手段として用いるゲームや歌や踊りやスポーツなどの総称とし、「楽しいこと」、「仲間とともに行うこと」の要件を満たしているもの。

③レクリエーション支援
　レクリエーション活動を用いて人々が心を元気にすること、手助けすること。手助けする人々の興味や関心を考慮しつつ、同じ目線で、人々が主体的に心を元気にできるように支える。

④レクリエーション運動
　健康寿命の延伸や地域の空洞化の解消などの社会的な課題の解決をねらいとした社会運動としている。例えば、国や都道府県、市町村の行政当局とレクリエーション指導者が協力をして、健康寿命の延伸などの行政課題の解決に組織的に取り組むこと。

⑤レクリエーション事業
　レクリエーション運動を進めるために行政機関やレクリエーション協会などが、具体的な目標や実施計画を作成し、これを可能にする財政措置を施し、地域住民に広報して参加者を募ること。

【チャレンジ・ザ・ゲーム】

　チャレンジ・ザ・ゲームは、平成元年に日本レクリエーション協会が中心となってスタートした「グループで交流しながら記録に挑戦し、遊び感覚で身体を動かす楽しさを味わえる新感覚のスポーツ・レクリエーション」であり、種目は年々増加している。①交流を深める、②世代をこえて楽しめる、③ストレスケアに効果的、④運動効果も得られるという特徴がある。

　種目としては、ニチレクボール・チャレンジ、ロープ・ジャンピング・10、チームふらば～るボール、ロープ・ジャンプ・EX、ロープ・ジャンプ・X 、ネット・パス・ラリー、ネット・パス・ラリー・10、チームテンカボール、手のひら健康バレー2分間勝負、むかでタイムレース・10 、全身むかでタイムレース、リング・キャッチ・クロス・10、ドリブル・リレー、スピード・ラダーゲッター、キャッチング・ザ・スティック、5人10脚、ゴム・ダンス・ステっぴょん、ペア・リング・キャッ

チ などがある。

【レク式体力チェック】

　レク式体力チェックは、新潟県レクリエーション協会で考案され、男女問わずシニア、ユース、ジュニア、幼児に適応し、「いつでも、誰でも、簡単に」そしていつまでも実施できる体力テストである。

　測定種目は6種目で、筋力、柔軟性、平衡性などの体力を総合的に把握することができるだけでなく、それぞれの種目が体力を高めるトレーニングにもなっており、体力づくりの日常化・生活化を目指している（表1）。体力チェックの中に、レクリエーション（遊び）の要素を取り入れ、楽しみながら体力チェックをすることができる。

表1　レク式体力チェック種目（例）

測定種目	測定内容
①着座体前屈	椅子に腰掛け、前屈して、股関節や体幹の柔軟性を測定する。
②10m障害物歩行	2m間隔で置かれた6つの障害物をまたぎながら10m歩いた時間を計測することで、すばやく、動きをコントロールする能力（敏捷性や調整力など）を測定する。
③ファンクショナルリーチ	両足を揃えて立ち、かかとを上げずに片手を前に伸ばして前掲し、どこまで手を伸ばせるかを測定することで、下肢と体幹でバランスよくからだを支える機能を測定する。
④タオル絞り	水にぬらしたタオルを3回絞り、渇いている時のタオルの重さとの差から上肢の筋力を測定する。
⑤ストロー	ストローでティッシュペーパーを吸い付け、ティッシュペーパーが落ちるまでの時間（思い切り吸い続ける時間）で呼吸・肺機能を測定する。
⑥ツー・ステップ	最大2歩の歩幅を測定し、その値を身長で割った数値から下肢・体幹の筋力やバランス能力、柔軟性、歩行能力などの総合的な体力を測定する。

【スポーツ・レクリエーション】

　近年、余暇時間の増大やライフスタイルの多様化により、豊かさやゆとりが感じられる生活を求めて、スポーツ・レクリエーションへの関心が高まっている。平成23年に「スポーツ基本法」が制定され、この法律に新たに「スポーツ・レクリエーション」という言葉が取り入れられた。スポーツとして行われるレクリエーション活動が「スポーツ・レクリエーション活動」と言われるようになり、その普及奨励が求められている。

　日本レクリエーション協会に加盟している団体種目として、一輪車、インディアカ、ウォーキング、エスキーテニス、オートキャンプ、カバディ、キンボールスポーツ、グラススキー、クリケット、車椅子レクダンス、ゲートボール、コーフボール、3B体操、スケートフォークダンス、スポーツチャンバラ、スポーツ吹矢、ターゲット・バードゴルフ、ダーツ、タッチラグビー、チャックボール、釣り、ティーボール、ディスクゴルフ、ドッジボール、ネイチャーゲーム、パドルテニス、ビリヤード、フィンスイミング、ブーメラン、フォークダンス、フライングディスク、フリーテニス、ペタンク、ボールルームダンス、マウンテンバイク、マレットゴルフ、ユニカール、レクリエーション卓球、ロープスキッピング、ローンボウルズなどがある。

　それぞれのライフステージに応じて、いつでも気軽にスポーツ・レクリエーション活動に取り組むことができるよう、スポーツに親しむ機会の提供や、健康・体力づくりの促進、団体の育成や指導者の確保等の支援体制を整えていく必要がある。

【レクリエーション支援で必要な基礎理論】

　レクリエーション支援を実施する際に、特に現場で必要とされる内容（アセスメント、ホスピタリティ、アイスブレーキング、ラポート、非言語コミュニケーション、ボランティア）について、以下にまとめる。

①アセスメント

　一人ひとりの対象者の情報を集め、ニーズを把握する作業である。レクリエーション支援に必要な情報を的確に収集し、対象者への支援の目的と方向性を決めるための第一歩である。

②ホスピタリティ

　厚遇、歓待および温かく親切にもてなす心、歓待の精神のことである。参加者が快適さを感じ、楽しみ、喜びを見出すことができるために、もてなしの意識を持ちながら参加者の立場に立って対応するすべてを含んでいる。

③アイスブレーキング

　メンバー一人ひとりが緊張し、硬くなっているグループに対して、アイスブレーキングを用いて雰囲気を和らげる。段階をおって対象者の間のコミュニケー

ションが促進するようにレクリエーション活動を組み合わせて実施することで良好な集団づくりを行う方法である。その効果として、①リーダーや集団に対しての安心感をつくる、② 相手の顔や名前を一致させる、③集団内で自然にふえあえる状況をつくる、④集団をよりダイナミックに交流させる、⑤グループ意識をつくり育てるなどがある。

④ラポート

主として2人の人の間にある相互信頼の関係とされ、心が通い合っている、どんなことでも打ち明けられる、言ったことが十分に理解されると感じられる関係である。

⑤非言語コミュニケーション

　1）表情：その場に適した表情をとり、対象者に安心感を与えるためにも、感情が安定したさわやかで、やわらかな表情が求められる。

　2）位置や距離感：支援者との距離、対象者同士の距離は適しているか。位置関係が快適、適切であるかの確認が必要である。

　3）姿勢：支援者が、対象者と視線を合わせて、関心をもって、少し前掲姿勢で迎えてもらえると、対象者は自分のことを大切に扱ってもらっていると感じ、活動に対するモチベーションが増してくる。

　4）態度：腕組みをしたり、指や首を鳴らしたり、頭をかいたりしない。支援者はリラックスしている状態での進行が必要である。

　5）服装：服装は、その地域、文化、環境や習慣、季節に合った服装、活動内容にあった動きやすい服装をすることが大切である。髪型、化粧、香水等にも気をつける。

　6）環境や会場から受ける影響：会場が暑すぎたり、寒すぎたり、まぶしすぎたり、暗すぎたり、床がすべって転倒しないか、参加者の体調や安全にも配慮し、集中して活動ができるようにする。

⑥ボランティア

ボランティアには4つの特徴がある。①自発性（自らの自由意志により行われる行為という意味）、②無償性（金銭的な利益を期待して行う行為ではないという意味）③社会性（その結果が広く人々や地域、社会に利益をもたらすということ）、④創造性（直面する課題や新しい分野で、状況に応じて問題に取り組み、社会を開発していくこと）

【レクリエーション支援者としての留意点】

レクリエーション支援者は、前述の基礎理論について理解し、現場で意識して実践しなければならない。また、それ以外に現場で実践すべき内容は多くある。以下は、「レクリエーション支援者としての留意点」についての内容である。

①笑顔で楽しい雰囲気づくりをする。

②対象者や場所などの状況に応じた声の大きさで、わかりやすく説明する。

③腕時計を付け、時間管理、時間配分をきちんと行う。

④事前に全体人数等を把握し、多くの人と交流できるグループづくりやプログラムを実施する。

⑤姿勢や態度等の非言語コミュニケーションを意識し、全体を見ながら説明をする。

⑥個人やグループに対して積極的に声かけをしながらその場を盛り上げる。

⑦プログラム通りの進行が原則であるが、時間・ルール等の状況に応じて臨機応変に対応する。

⑧自分や対象者についての状況を常に把握しながら、レクリエーション支援を進めていく。

【レクリエーションに関する資格】

日本レクリエーション協会は、1962年に、我が国で初めてのレクリエーション公認指導者資格制度を開始し、時代の変化に合わせて、学習で身に付けた知識や技術を活用しながら、対象者に直接支援できる専門指導者の養成を行っている。

①レクリエーション・インストラクター

ゲームや歌、集団遊び、スポーツといったアクティビティを効果的に活用し、「集団をリードする」、「コミュニケーションを促進する」、「楽しい空間をつくる」といった、対象や目的に合わせてレクリエーション活動を企画・展開できる指導者である。

その養成において習得できる知識と技術は、①集団をリードし、一体感を生み出し、楽しい時間を演出する力、②個人や集団のコミュニケーションを促進する

力、③対象や支援の目的に合わせたプログラムを企画・展開しうる力、④既存のアクティビティを、その方に会ったアクティビティへのアレンジする力、⑤個人の主体性や協調性を引き出す力、⑥福祉施設や保育や学校教育などの現場に応じてレクリエーション活動を企画・運営する力である。

②レクリエーション・コーディネーター

組織や団体が活性化していくうえで必要な「人材や資源のネットワーク力」、「事業の企画・展開力」、事業を成功に導く「グループリーダー力」など、組織や団体の担い手に必要な能力を兼ね備えた指導者である。

その養成において習得できる知識と技術は、①職域や地域の課題やニーズを把握するマーケティング能力、②ニーズの高い事業を企画し、継続して展開していく力、③PDCAサイクルに沿って事業を推進する力、④事業を成功に導くグループリーダーとしての力、⑤人材や団体の協力を結びつける力、⑥事業・人材・資金を獲得するためのプレゼンテーション能力、⑦安定した組織を導くマネジメント能力である。

③福祉レクリエーションワーカー

対象者に適した「活動プランづくり」、「活動のアレンジ」、1対1の場面での「コミュニケーション」など

を通じて、一人ひとりが生きがいづくりを支援することができる指導者である。

その養成において習得できる知識と技術は、①個人一人ひとりの欲求やニーズ、状況などを把握する力、②個人の状況に合わせたレクリエーション支援プランを立てる力、③レクリエーション視線プランを実行・評価する力、④個人の意欲を引き出すコミュニケーション能力、⑤個人との1対1の関わりを、一人ひとりのふれ合い、支え合いへと広げる力、⑥レクリエーション支援プランの達成に向けて他職種と連携を図る力である。

④スポーツ・レクリエーション指導員

スポーツを活用したレクリエーション活動を用いて、運動に親しんでいない人たちを含め、誰もがスポーツ・レクリエーションを継続的に楽しめる場をクリエイトする指導者である。

その養成において習得できる知識と技術は、①運動効果を、科学的な知見にもとづき、わかりやすく解説する力、②運動やスポーツに無関心な人の参加を促す力、③「健康でいたい」という意識を刺激して、運動やスポーツのへの関心を誘う力、④楽しさと運動効果で、運動やスポーツを持続する意欲を高める力、⑤個人の変化、全体の変化を客観的な数値で示す力である。

【さらに学びを深めるためのポイント】
1．チャレンジ・ザ・ゲームやレク式体力チェックを体験し、自分の体力・能力を確認する。
2．レクリエーション支援を実施し、現場において何が必要か考える。
3．レクリエーション公認指導者の実際の活動を調べる。

【参考文献】
1）公益財団法人日本レクリエーション協会「レクリエーション支援の基礎」2008
2）公益財団法人日本レクリエーション協会「楽しさをとおした心の元気づくり」2017
3）公益財団法人日本レクリエーション協会「レクリエーションブックレット」2018
4）公益財団法人日本レクリエーション協会「ニューエルダー元気塾BOOK」2012

曽我部敦介：聖カタリナ大学　人間健康福祉学部　健康スポーツ学科　准教授

障がい者スポーツ

【キーワード】　障がい者スポーツ　　パラリンピック　　全国障害者スポーツ大会　　スペシャルオリンピックス

【学習のポイント】
1. 障がい者スポーツとは
2. パラリンピックとは
3. 全国障害者スポーツ大会とは
4. スペシャルオリンピックスとは

【障がい者スポーツとは】

　一般的に「障がい者スポーツ」といわれるが、障がい者のための特別なスポーツがあるわけではない。障がいのない人を基準に行われているスポーツの方法や場面をそのまま適用することが、「困難である」「危険である」「障害を悪化させるおそれがある」などにより、競技規則や用具を一部変更し、改良することで、安全に楽しくかつ公平に行うことができるよう障害の状況に合わせて行っている実態を広く「障がい者スポーツ」という。

　スポーツ活動は、健康や体力、満足感といった個人に対する効果も大きいが、集団や地域社会全体にもたらす効果も大きい。また、人との交流やコミュニケーションの促進によって社会でのつながりが深まったり、社会参加が促されることによって地域に対する一体感や愛着心を高めてくれるといった社会効果をもたらすことができる。さらにスポーツにより心身の健康増進が促進され、運動不足にともなう疾病予防が図られることによって、医療費の削減につながるという経済的効果も期待できる。肥満や生活習慣病は障がい者にとって深刻な問題になっているが、障がいを悪化させないという効果とともに、障がいを軽減するということも社会的効果に含めてよいだろう。また、スポーツ活動は精神的にも社会的にも多くの効果をもたらし、体を動かすことによって、得られる爽快感や達成感は、積極的な生活を生み出すことができる。スポーツの日常化はすべての人々の基本的な人権として認識されるようになっている。

【国際的な障がい者スポーツの歴史】

　第二次世界大戦（1939 ～ 1945 年）後、多くの国々で、戦争で障がいを負った軍人たちのリハビリテーションの補助的な方法として、スポーツが徐々に紹介されていった。そして、ヨーロッパ諸国をはじめ、日本、オーストラリア、そして香港などのアジア・太平洋諸国の病院やリハビリテーションセンターにも広がっていった。

　この時期に身体障がい者のスポーツの発展に大きく貢献したのが、英国のストーク・マンデビル病院である。1944 年、イギリスのチャーチル首相らは、ドイツとの戦争激化により負傷し脊髄損傷になる兵士が急増することを見越して、兵士の治療と社会復帰を目的に、ロンドン郊外にあったストーク・マンデビル病院内に脊髄損傷科を開設した（1960 年に国立脊髄損傷センターと改名）。その初代科長に、1939 年にナチスによるユダヤ人排斥運動によりイギリスに亡命した医師、ルードウィッヒ・グットマン卿が任命された。グットマン卿は、「手術よりスポーツを」の方針を掲げ、スポーツを治療に取り入れる方法を用いた（1944 年にパンチボール訓練を導入、その翌年からは車椅子によるポロやバスケットボール、卓球などを導入）。

　1948 年 7 月 29 日、グットマン卿は、ロンドンオリンピックの開会式の日に、ストーク・マンデビル病院内で 16 名（男子 14 名・女子 2 名）の車椅子患者（英国退役軍人）によるアーチェリー大会を開催した。この大会は毎年開催され、1952 年にはオランダの参加を得て国際競技会へと発展し、これが第 1 回国際ストーク・マンデビル大会となった（130 名が参加）。

　1960 年、イギリス、オランダ、ベルギー、イタリア、フランスの 5 か国により国際ストーク・マンデビル大会委員会（ISMGC）が設立され、グットマン卿がそ

の初代会長に就任した。ISMGC は、オリンピック開催年に実施する大会だけは、オリンピック開催国でオリンピック終了後に実施したい旨を表明。同年、オリンピックの開催されたローマにおいて、国際ストーク・マンデビル大会が開催された（23 か国・400 名が参加）。これが第 1 回パラリンピックである。

【日本における障がい者スポーツ】

日本における障がい者スポーツの振興は、1964（昭和 39）年に開催された第 2 回パラリンピック東京大会を契機に本格化し、翌 1965（昭和 40）年には「財団法人日本身体障害者スポーツ協会」が設立され、全国身体障害者スポーツ大会（現全国障害者スポーツ大会）も始まった。指導者の養成は、1966（昭和 41）年に「身体障害者スポーツ指導者講習会」として始まり、その後「身体障害者指導者認定講習会」、「身体障害者スポーツ指導者研修会」等名称変更はもとより、実施方法や研修内容の見直しを図りながら毎年行なってきた。その後、1985（昭和 60）年に「財団法人日本身体障害者スポーツ協会公認身体障害者スポーツ指導者制度」（当時）を施行させ、所定の資格取得要件やカリキュラムに基づいた指導者養成を進めてきた。近年、医科学の進歩や障がい者への理解の深まりとともに、障がいのある人々のスポーツへの参加機会が増加するとともに、スポーツをする目的が多様化し、障がいの範囲も身体、知的、精神の三障がいへと拡がっていった。

【全国障害者スポーツ大会】

全国障害者スポーツ大会は、日本国内の障がい者スポーツの総合大会である。毎年実施される国民体育大会の直後に同地で実施されるが、国体とは目的を異にしている。「競技を通じスポーツの楽しさを体験するとともに、国民の障がいに対する理解を深め、障がい者の社会参加の推進に寄与すること」が大会の目的である。

全国障害者スポーツ大会の開催については、1965年〜 2000 年に第 1 〜 36 回全国身体障害者スポーツ大会の開催され、2001 年〜 2015 年には、第 1 〜15 回全国障害者スポーツ大会という名称で開催された。標記大会に参加する為の選手選考を含めた都道府県・指定都市において、スポーツ大会を開催することで、三障がいの障がい者が参加できるスポーツイベントとして地域振興に大きな役割を担っている。

図 1. 全国障害者スポーツ大会のシンボルマーク

シンボルマーク（図 1）は、21 世紀の「21」をモチーフに、障がい者の「走る」「跳ぶ」「泳ぐ」姿のデザインであり、4 つのカラーは「北海道（青＝海）」「本州（緑＝大地）」「四国（黄＝光）」「九州（赤＝太陽）」を表し、全国の障がい者スポーツの交流の場として、人と人との交流、地域との連帯を深める全国障害者スポーツ大会の未来への飛躍をシンボライズしている。

【パラリンピック】

パラリンピック（Paralympic）は、国際パラリンピック委員会（International Paralympic Committee、略称 IPC）が主催する身体障がい者を対象とした世界最高峰のスポーツ競技大会であり、オリンピックと同じ年に同じ場所で開催される。IPC には、177 の各国パラリンピック委員会（NPC）が加盟している（2016年 3 月現在）。また、IPC モットーである「Spirit in Motion」（スピリット・イン・モーション）は、パラリンピック選手のすぐれたパフォーマンスと、「人を勇気づける」というパラリンピックムーブメントの特性を表現している。

「パラ」＋「オリンピック」＝「パラリンピック」という語呂合わせは日本人の発案で、1964 年の第13 回国際ストーク・マンデビル車いす競技大会を東京で開催した際の「愛称」として初めて使用したものである。これは、パラプレジア（Paraplegia、脊髄損傷等による下半身麻痺者）＋オリンピック（Olympic Games）の造語であった。1985 年、IOC は、パラリンピックという呼称を用いることを正式に認めるとともに、半身不随者以外も参加するようになったことから、パラレル（Parallel、平行）＋オリンピック（Olympic

Games）で、「もう一つのオリンピック」として再解釈することとなった。1988年、ソウル大会からIOCが直接関わることとなり、それまで愛称扱いであった「パラリンピック」が正式名称となった。

　現在のパラリンピックの象徴であるマーク（パラリンピックシンボル）は、人間の最も大切な3つの構成要素『心（スピリット）・肉体（ボディ）・魂（マインド）』を赤・青・緑の三色で表している（図2）。1988年のソウルパラリンピックで初めてこの旗が使われたときには、青・赤・黒・緑・黄の5色であったが、オリンピック旗と区別するために、1994年のリレハンメルパラリンピックから3色の旗に変更された。

図2. パラリンピックシンボル

　従来のロゴとの一貫性という意味から、赤・青・緑の3色を使用している。同時に「パラリンピック選手が卓越した競技者の域に到達し、世界中を興奮・鼓舞させることができるように」というIPCの新しいビジョンを象徴しており、地球を表現したロゴ全体の丸い形状は、パラリンピックムーブメントが全世界に渡っていることを表している。

表1. パラリンピック種目

夏季	陸上競技、水泳、車いすテニス、ボッチャ、卓球、柔道、カヌー、パワーリフティング、射撃、自転車、アーチェリー、馬術、ゴールボール、車いすフェンシング、車いすバスケットボール、5人制サッカー、車いすラグビー、シッティングバレーボール、ボート、トライアスロン ※2020年東京パラリンピックより、テコンドーとバドミントンを実施
冬季	アルペンスキー、クロスカントリースキー、バイアスロン、アイスホッケー、車いすカーリング、スノーボード

【スペシャルオリンピックス】

　スペシャルオリンピックス（英語：Special Olympics、略称：SO）とは、知的発達障害のある人の自立や社会参加を目的として、日常的なスポーツプログラムや、成果の発表の場としての競技会を提供する国際的なスポーツ組織。いつもどこかで活動しているということから、「Olympics」と複数形になっている。

　1962年6月にジョン・F・ケネディの妹のユーニス・ケネディ・シュライバーが自宅の庭を開放して35人の知的発達障害のある人たちを招いてデイキャンプを行ったのが始まりである。その後、全米に活動が広げられ、トロント出身のカナダ人フランク・ヘイドンらが関わり、1968年7月20日に第1回の夏季国際大会がアメリカのイリノイ州シカゴのソルジャー競技場で開催された。1968年12月にはSpecial Olympics, Inc.が設立された。1988年に、国際オリンピック委員会（IOC）とオリンピックの名称使用について認める議定書を交わした。

　現在、日本のスペシャルオリンピックスの競技は夏冬合わせて20種類以上ある（表2）。世界では440万人以上のアスリートと100万人以上のボランティアが170を超える国と地域で、この活動に参加している。2003年にアイルランドの首都・ダブリンで行われた2003年スペシャルオリンピックス夏季世界大会は、その年に行われたスポーツイベントの中で、もっとも盛大なものとなった。また、スペシャルオリンピックスでは他の人に勝つ事を目標としておらず、アスリートが自己の最善を尽くす事を目的としている。これはアスリート宣誓の「Let me win. But if I cannot win, let me be brave in the attempt.」（私たちは、精一杯力を出して勝利を目指します。たとえ勝てなくても、がんばる勇気を与えてください）という言葉にも込められている。

【スペシャルオリンピックスの特徴】

①スポーツトレーニングプログラムと競技会

　スペシャルオリンピックスでは、日常のスポーツトレーニングプログラムを大切にしている。週に1回以上で8週間の期間（ターム）を区切りとして練習会を実施し、その後に練習の成果の発表の場である競技会を開催し、アスリートの努力と勇気をたたえる。

②ディビジョニング

ディビジョニングはスペシャルオリンピックスの競技会で行われる組み分けである。これは性別・年齢・競技能力といったものを基準に組み分けを行い、最終的に競技能力が同程度の競技者同士が競い合うためのスペシャルオリンピックス独自のルールである。

③全員表彰

ディビジョン毎に1位～8位があり、全員が表彰台に上がって1位～3位には金銀銅メダル、4位以下にはリボンが贈られる。

④マキシマムエフォート（旧オネスト・エフォート）

直訳すると正直・努力（オネスト・エフォート）である。競技者が常に全力で競技を行うことを目的に考えられたルールであり、予選と決勝で15%以上の差がある場合は、失格となるルールが存在する。

⑤ユニファイド

チームスポーツで、知的発達障がいのあるアスリートと同等の競技能力のある健常者が混成チームを作り、混成チーム同士でゲームを行う競技形式のことをスペシャルオリンピックスでは、ユニファイドと呼んでいる。

表2．スペシャルオリンピックス種目（例）

夏季	ゴルフ、自転車、サッカー、柔道、馬術、競泳、ソフトボール、体操、卓球、テニス、バスケットボール、バドミントン、バレーボール、ボウリング、ボッチ、陸上競技、フライングディスク
冬季	アルペンスキー、クロスカントリースキー、スノーシューイング、スノーボード、ショートトラックスピードスケート、フィギュアスケート、フロアホッケー

【障がい者スポーツに関わる資格】

障がい者スポーツに関する資格として、日本障がい者スポーツ協会が養成している障がい者スポーツ指導員（初級・中級・上級）がある。また、障がい者スポーツをサポートする資格として、障がい者スポーツコーチ、障がい者スポーツ医、障がい者スポーツトレーナーという資格も設定されている。

初級障がい者スポーツ指導員は、「地域で活動する18歳以上の指導者で、主に初めてスポーツに参加する障がい者に対し、スポーツの喜びや楽しさを重視したスポーツの導入を支援する者。また、障がいの基本内容を理解し、スポーツの導入に必要な基本的知識・技術を身につけ、実践にあたっては、健康や安全管理を重視した指導ができる者。さらに地域の大会や行事に参加すると共に、指導者組織の事業にも積極的に参加するなど地域の障がい者スポーツの振興を支える者」である。

スポーツ基本法の成立や東京2020パラリンピック競技大会の開催決定を皮切りに、スポーツ庁の設立やスポーツ基本計画の策定など、わが国における障がい者スポーツを取り巻く環境は近年大きく変化している。日本障がい者スポーツ協会では、平成25年度より「障がい者スポーツ指導員基準カリキュラム」の改正に関する検討を進めており、現在の基準カリキュラムをベースに、新たな学習の追加や内容の見直しを行っている。

【さらに学びを深めるためのポイント】
1. 障がい者スポーツで使用されている施設・用具やルールについて調べる。
2. 近年のパラリンピックや全国障害者スポーツ大会の状況について調べる。
3. 障がい者スポーツの上位資格の内容について調べる。

【参考文献】
1）公益財団法人日本障害者スポーツ協会編「障害者スポーツ指導教本」平成24年4月　株式会社ぎょうせい
2）公益財団法人日本障害者スポーツ協会「障害者スポーツの歴史と現状」平成22年5月
3）公益財団法人日本障害者スポーツ協会「公認　障がい者スポーツ指導者制度」平成30年

曽我部敦介：聖カタリナ大学　人間健康福祉学部　健康スポーツ学科　准教授

第 23 講

Women and Equality in Sports

【キーワード】 gender differences　　 sports participation and promotion　　 athlete earnings

【学習のポイント】
1．スポーツの社会における影響を述べなさい。
2．男性らしい、女性らしいスポーツには、どんなスポーツがあるか調べなさい。
3．男性らしい、女性らしいスポーツに対して、メディアではどのような違いがあるのか調べなさい。

There is a saying, "You have to see it to believe it." What does this saying mean for sports? Basically, it means that when I see something, I can believe it exists. Generally, we have to see something before we consider it acceptable. When we find something that is acceptable, we become interested in it. This is called awareness. Also, if we see other people like us doing something interesting, then we will want to do it. This is called possibilities. When we begin to participate with others in a sport we feel togetherness and we can get support. Finally, we feel belonging. These are the steps that almost everyone goes through to become active in a sport. Therefore, for women and men to feel belonging with a sport, it starts with seeing others doing it. Let's consider how women are viewed in relationship to sports.

Participation in a sport can teach skills in communication, participation, self-efficacy and leadership that can help someone to enter high levels at work, in businesses and in society. This is one reason why it is important for women as well as men to participate in sports from a young age. Did you know that in Japan it was not until 1989 that boys and girls were allowed to take the same physical education classes?

Recent studies show, however, that in Japan women tend to exercise and participate in sports less than men. In a study by the Ministry of Education, Culture, Sports, Science and Technology Japan, in 2017 people were asked if they exercised or played a sport at least once a week. For those in their teens, 67.5% of the men said yes; but only 58.8% of the women said yes. As people become busy with their careers and raising a family this decreases. For people in their 20s, 54.3% of the men said yes; but only 45.4% of the women said yes. And, for people in their 30s, 49.9% of the men said yes; but, only 40.7% of the women said yes.

Only in the case of top athletes, is it possible to find a good balance of men and women. For example, in the 2012 Olympics in London, 53 % of the Japanese athletes were women and around 45% of the medals were won by women. Yet, of the people who helped to manage these athletes only 15.1% were women. Further, regarding women in leadership roles in sports, in 2012 women held only 12.1% of the JOC leadership positions. The number of women athletes has been greater than 50 % since the Sochi Winter Olympics in 2014. But the rate of women in executive positions is only expected to increase to around 14% for the 2020 Tokyo Olympics. It is difficult to find women in leadership positions in sports.

Sports participation is often decided by a person's perception of the gender of the sport. Some sports are seen as feminine sports and others are seen as masculine sports. Generally, competitive or contact sports that require speed, strength and stamina (American football, rugby, basketball) are considered masculine and aesthetic sports (figure skating, gymnastics) are considered feminine.

Team sports played by men are often the sports most viewed in the media. In a study in the USA, for women in their 30s, soccer is the most popular sport to watch because in the USA soccer is considered a feminine sport. However, the sports most often viewed in the USA in 2015 were American football (men 89%, women 77%), baseball (men 70%, women 56%), and basketball (men 68%, women 54%). A study in Japan, in 2015, asked people which sport they had viewed in the past year. For women they had watched figure skating (59.1%), women's volleyball (47.1%), and long-distance running races (43.7%). Men's favorites were pro baseball (64.9%), high school baseball (53.5%), and soccer (51.0%).

Another area of great difference is the salaries of professional athletes. In a list of the 100 highest-paid athletes in 2019, only one woman was on the list. The athletes with the highest pay were soccer athletes: Lionel Messi ($127 million), Cristiano Ronaldo ($109 million, and Neymar ($105 million). Combining pay, winnings, and endorsements, Messi was expected to earn about $254 million in 2019. The highest-earning Japanese athlete (ranked 35) was Kei Nishikori who will earn over 74 million dollars in pay, winnings, and endorsements in 2019. And no one should be surprised to know that the richest athlete in the world is a man: Michael Jordon. His wealth was reported to be around $1.65 billion in 2019.

Some women make a lot of money in sports, but it is far less than the men. In the first half of 2019, tennis pro Naomi Osaka had earned $3.6 million. Serena Williams, who was the top earning female athlete, was expected to earn around $58 million in pay, winnings and endorsements in 2019. Change the dollars to yen and see how much money this is in Japan.

Different attitudes, different education, different media promotion and different pay show that there is still gender inequality in sports.

【さらに学びを深めるためのポイント】
1. トップアスリートにおいて同じ大会でも賞金額に差がみられます。あなたはどのように考えますか。
2. それぞれの世代で男女のスポーツ参加率に違いがみられます。あなたはどのように考えますか。
3. スポーツ観戦における種目の男女差がみられます。あなたはどのように考えますか。

【参考文献】
1) Women in Sport: Where are we with Gender Equality Today?https://www.olympic.org/news/women-in-sport-where-are-we-with-gender-equality-today Accessed 7/15/2019
2) 平成 30 年度女性スポーツ推進事業（女性のスポーツ参加促進事業）http://www.mext.go.jp/sports/b_menu/sports/mcatetop11/list/detail/__icsFiles/afieldfile/2019/04/23/1416017_001.pdf Accessed 7/15/2019
3) 日本のスポーツにおける女性の参画の現状 http://kakeiken.org/journal/jjrhe/103/103_04.pdf#search=% 27 女性とスポーツの割合% 27 Accessed 7/15/2019
4) スポーツライフ・データ 2016https://www.ssf.or.jp/report/sldata/tabid/327/Default.aspx Accessed 7/15/2019
5) The influence of Gender-role Socialization, Media Use and Sports Participation on Perceptions of Gender-Appropriate Sports (2009-Proquest) Accessed 7/15/2019
6) The World's Highest-Paid Athletes https://www.forbes.com/athletes/#7a5dc47b55ae Accessed 7/15/2019
7) Naomi Osaka Tops 2019 Prize Money List As French Open Begins https://www.forbes.com/sites/daniellerossingh/2019/05/30/naomi-osaka-tops-2019-prize-money-list-as-french-open-begins/#7e51e32f3851 Accessed 7/15/2019
8) Top 10 Richest Athletes in the World 2019, http://www.thedailyrecords.com/2018-2019-2020-2021/world-famous-top-10-list/world/richest-athletes-in-the-world/20961/ Accessed 7/15/2019

ロウ、リンダ・クリステイン：聖カタリナ大学　人間健康福祉学部　健康スポーツ学科　特任教授

武道（剣道）

【キーワード】　武道　剣道　段位　称号

【学習のポイント】
1．武道とは
2．剣道とは
3．段位・称号とは

【武道とは】

　武道は、武士道の伝統に由来する日本で体系化された武技の修錬による心技一如の運動文化で、心技体を一体として鍛え、人格を磨き、道徳心を高め、礼節を尊重する態度を養う、人間形成の道であり、柔道、剣道、弓道、相撲、空手道、合気道、少林寺拳法、なぎなた、銃剣道の総称を言う。

　「武道理念」として、武道は、武士道の伝統に由来する我が国で体系化された武技の修錬による心技一如の運動文化で、柔道、剣道、弓道、相撲、空手道、合気道、少林寺拳法、なぎなた、銃剣道を修錬して心技体を一体として鍛え、人格を磨き、道徳心を高め、礼節を尊重する態度を養う、国家、社会の平和と繁栄に寄与する人間形成の道である。

　このように、武道は外来のスポーツと同じような性質のものではなく、我が国の伝統的な運動文化としての特色を有するものであるといえる。勝敗よりも自分自身の身体的、精神的な形成のために武道があるといえる。

　学習指導要領（文部科学省）においても、「武道は武技、武術などから発生した我が国固有の文化として伝統的な行動の仕方が重視される運動である」とあり、武道はスポーツとは違った日本の伝統・文化としての特有の性質をもっている。武道では伝統的に精神的な面を尊重する考え方が重視されており、スポーツと比較しても、より修養的あるいは鍛錬的な目的を持っている。勝つこと自体が目的ではなく、武道を通して技や心を磨きながら、自己を形成していく過程が重要とされている。

【全日本剣道連盟】

　全日本剣道連盟（以下、全剣連）は、日本の伝統文化に培われた剣道、居合道及び杖道を各統轄する団体で、日本を代表する唯一のものとして、広く剣道等の普及振興、「剣の理法の修錬による人間形成の道である」との剣道理念の実践等を図り、もって、心身の健全な発達、豊かな人間性の涵養、人材育成並びに地域社会の健全な発達及び国際相互理解の促進に寄与することを目的としている。

【剣道】

　剣道は、剣道具を着用し竹刀を用いて一対一で打突しあう運動競技種目であり、稽古を続けることによって心身を鍛錬し人間形成を目指す「武道」である。2017 年 3 月末日現在の「剣道」有段者登録数は1,853,553 人（内、女子は 543,921 人）である（全剣連）。

　全剣連は、剣道の理念、剣道の奨励および、その向上に資する目的で、剣道の称号および段位の付与基準や受審資格を定め、称号・段位の審査を行っている。剣道における段位・称号の制度は、試合と並んで剣道の普及・発展に重要な役割を果たしてきた。1999 年に、これまでの段位・称号の制度や運用について全般的な見直しを行い、長期にわたっての剣道の奨励、発展を図り、社会よりの理解を深め得る望ましい安定した制度と、適正な運用を確立するために段位・称号の見直しがなされた。

【段位】

「段位は剣道の技術的力量（精神的要素を含む）を示すもの」として明示されている。段位審査は、実技審査（立合）、日本剣道形、筆記試験によって審査される。

表1 段位の「付与基準」と「受審資格」

段位	付与基準	受審資格
初段	剣道の基本を修習し、技倆良なる者	一級受有者で、満13歳以上の者
二段	剣道の基本を修得し、技倆良好なる者	初段受有後1年以上修業した者
三段	剣道の基本を修錬し、技倆優なる者	二段受有後2年以上修業した者
四段	剣道の基本と応用を修熟し、技倆優なる者	三段受有後3年以上修業した者
五段	剣道の基本と応用に錬熟し、技倆秀なる者	四段受有後4年以上修業した者
六段	剣道の精義に錬達し、技倆優秀なる者	五段受有後5年以上修業した者
七段	剣道の精義に熟達し、技倆秀逸なる者	六段受有後6年以上修業した者
八段	剣道の奥義に通暁、成熟し、技倆円熟なる者	七段受有後10年以上修業し、かつ、年齢46歳以上の者

実技審査においては、一人2回（1回1分〜2分間）の立会を実施し、審査員は受審者がその段位に相応しい実力があるか否かを判定する。剣道学科審査については、初段から五段審査で実施される。初段では、①稽古の心構え、②基本の大切さ、二段・三段では、①剣道の理念、②剣道で礼儀を大切にする理由、③稽古で心がけること、四段・五段では、①剣道の理念および剣道修錬の心構え、②剣道が上達するための要件、③下位者と稽古をするときの留意点、④指導者としての心構え、⑤準備運動の意義、⑥整理運動の意義を重要事項としている。日本剣道形の形審査では、初段は太刀の形3本、二段は太刀の形5本、三段は太刀の形7本、四段から八段は太刀の形7本と小太刀の形3本の内容で日本剣道形の審査が行われる。

表1は、全剣連の「称号・段級位審査規則」における、剣道段位の「付与基準」と「受審資格」（修行期間）である。

【称号】

剣道において「称号は、指導力や識見などを備えた剣道人としての完成度を示すもの」と明示されている。錬士、教士、範士に分けられ、表2は、剣道称号・段級位審査規定における、称号の付与基準と受審資格である。

表2 称号の付与基準と受審資格

称号	付与基準	受審資格
錬士	剣理に熟達し、識見優良なる者	六段受有者で、六段受有後、別に定める年限を経過し、地方代表団体の選考を経て地方代表団体の長から推薦された者
教士	剣理に熟達し、識見優秀なる者	錬士七段受有者で、七段受有後、別に定める年限を経過し、地方代表団体の選考を経て地方代表団体の長から推薦された者
範士	剣理に通暁、成熟し、識見卓越、かつ、人格徳操高潔なる者	教士八段受有者で、八段受有後、8年以上経過し、地方代表団体の選考を経て地方代表団体の長から推薦された者

称号審査の方法として、錬士は、全剣連が出題する小論文を提出し、その合否が判定される。教士は、①指導法・審判法、②日本剣道形・剣道に関する一般教養、③小論文の3科目の筆記試験を行い、合否が判定され、剣道に関する幅広い知識が必要となっている。範士は、全剣連が受審者について調査を実施し、その内容を検討して合否が判定される。

【さらに学びを深めるためのポイント】
1. 剣道以外の武道について調べる。
2. 剣道の礼法や技について調べる。
3. 段位や称号の内容についてより詳しく調べる。

【参考文献】
1）一般財団法人全日本剣道連盟 (2000)「段位・称号審査規則・段位・称号審査細則」
2）日本武道学会 (2009)「剣道を知る辞典」株式会社東京堂出版
3）一般財団法人全日本剣道連盟 (2000)「段位・称号審査規則・段位・称号審査細則」
4）公益財団法人日本武道館「武道の定義」https://www.nipponbudokan.or.jp/shinkoujigyou/teigi （2019.10.1）
5）公益財団法人日本武道館「武道の定義」https://www.nipponbudokan.or.jp/shinkoujigyou/rinen （2019.10.1）

曽我部敦介：聖カタリナ大学　人間健康福祉学部　健康スポーツ学科　准教授

重篤な怪我や疾病に対する心理的対処

【キーワード】　怪我　　疾病　　心理的対処

> 【学習のポイント】
> 1．これまでの自身の怪我や病気の経験とその時の身体的・心理的状況
> 2．仲間が負傷したときや病気になった時の反応
> 3．自分や仲間が怪我や病気の時、出来る事は？

「どんなに上がったり下がったりしようと、どんな人間の経験にも、必ず意味があります。どんな経験も、ほかでは決して学べないことを教えてくれます。神様は人間に、必要以上の試練を与えたりしません。」

　　　　E・キューブラー・ロス『「死ぬ瞬間」と臨死体験』より

【はじめに】

　身体的に回復しても気持ちがついてこない選手がいる。何故であろうか？

　理由として、以下の2要因が挙げられている。

① 医療技術の進歩により、心の準備ができないうちに治ってしまう。即ち、身体の回復とこころの回復が同期していないのである。

② 様々な情報の氾濫により、選手自身が、身体に対する関心を過敏に高めている。心配事を堂々巡りさせているのである。

　このような身体の回復とこころの回復が同期していない選手に接する際に指導者やティームメイトは次のような態度を取らない様に注意する必要がある。。

・仮病扱いする。

・意志の弱さや甘えた考えだと片付けてしまう。

・代わりの選手はいくらでもいると脅かす。

・気持ちの弱さを辱めるような態度を取る。

・ティーム全体の事を考えるように示唆する。

　このような態度をとってしまうと、次のような問題を引き起こす。

a) 怪我の再発　　b) 他の部位の怪我

c) 自信の低下による成績の摘果

d) ふさぎ込みや、怪我の再発に対する恐怖心

　これらの問題は、選手にやる気を無くさせ、復帰意欲を鈍らせるため、指導者や養育者は、選手の心理的な適応を早め、身体的回復と同期させるために、次のような知識・技術が必要となる。

【怪我をしやすくしている要因】

① 生活中のストレス

・人間関係、別れ、試験、金銭的問題、恋愛など。

② 性格特性

・他者志向：周りの人を喜ばすことが大事と強く考える人。

・他の人からの評価を重大視しすぎる人。

・人の運命は外的要因によって決まると考える人。

・危険を顧みない人。

・自分は勇敢だと思っている、或いはそう見られている人など。

③ 植えつけられた考え方

・スポーツ選手はタフでなければならない！

・120％いや200％頑張らねばならない！

・私は絶対失敗しない！

・自分はヒーロー（ヒロイン）だ！　など。

【怪我に対する選手の反応】

1）反応の内容と順序

① 疑い・拒否・孤立　　② 怒り

③ かなわぬ「取り引き」ゆえの自暴自棄

④ 抑うつ（ふさぎ込み）

⑤-1 受容：自分の置かれている状況を受け入れる

⑤-2 復帰の希望を持ちながら時間を待つ覚悟の生起

2）認知のタイプ

a) 大げさに考えるタイプ

b) 重大性を無視するタイプ

c) 単純に良い、悪い、大丈夫、と決めてかかるタイプ

d) 他にも色々身体的欠陥があるかもしれないと心配を増幅させてしまうタイプ

e) 自分勝手に診断し、将来を予測して悲観的になったり、楽観的気になったりするタイプ

f) 状況、状態を正確、冷静に判断するタイプ（**これは合理的な判断**）

→不合理な判断が復帰を遅らせる。だから、指導者や親は客観的判断材料を提供する義務がある。

【心理的回復方法】

　合理的自己コントロールができるように、先ず、指導者や養育者は次の事柄に留意すべきである。

・怪我を負ったことで、自分をダメにするような態度で見させない。

・怪我を、次へのチャレンジのために必要な準備期間だと考えられるように導く。

・怪我や病気になった事を選手は不幸な事と考え、イライラし、欲求不満を感じたり落ち込んだりすることは仕方のないことだと理解しておく。

・怪我、病気に対する正しい知識やどの様な過程で回復するのかを明確に示す。

　合理的自己コントロールを導く具体的手段を以下に述べておく。

1）　考えすぎを止めさせる。

・リハビリへの集中を促す。そのために状態の進歩の確認と長い目で見た現場復帰の期待を共に語る。

・正しい知識や技術のある人が自分を助けてくれると認識させる。（ソーシャル・サポートを送る）

2）　良いイメージを持たせ続ける。

・最高の状態の時の選手の様子、その時のティームの雰囲気、ピークパフォーマンス場面と選手個人とティームの感情などを視覚的イメージと合わせて感情的イメージも交えて共に語る。

【ティーム内での処遇】

　重篤でない限り仲間たちとの関係を保ち続けさせるが重要である。具体的方法の例は以下の通りであるが、個々のティームの状況や選手の状態によっても異なるので、指導者は臨機応変に柔軟に対処する必要がある。

・ミーティングへの参加を促す。（指導からよりも仲間からのほうが一般的には効果的）

・指導者がその選手の復帰計画を明確に示したり、仲間へのアドバイス集を作成させる。

　出来る事をつくり、出来るだけ早く職務に復帰させることで、怪我や病気に苦しんでいる選手の心理的孤立を防ぐことができる。また、引退の恐怖を内在化させて、実際にはそれほど危機的な状態ではなくなってきているのに臆病になってしまう事への防止策ともなるのである。

```
【さらに学びを深めるためのポイント】
１．怪我をしやすくしている要因
２．重篤な怪我・病気に対する選手の反応
３．怪我や病気の選手のティーム内での処遇
```

桂　和仁：聖カタリナ大学　人間健康福祉学部　健康スポーツ学科　教授

総合型地域スポーツクラブ

【キーワード】 クラブの特徴　育成のメリット　クラブのミッション　設立の手順

> 【学習のポイント】
> 1．人々がスポーツを行う場としてのクラブの意味
> 2．地域でのスポーツ活動に必要な条件
> 3．スポーツ活動が活発な地域とそうでない地域の違い

＊本文中では「総合型地域スポーツクラブ」を略して、「総合型クラブ」と表記する。

【国の政策としての総合型クラブの育成】

（1）2000 年に策定された「スポーツ振興基本計画」

国民の誰もが、それぞれの体力や年齢、技術、興味、目的に応じて、いつでも、どこでも、いつまでもスポーツに親しむことができる生涯スポーツ社会を早期に実現するため、日常的にスポーツを行う場として期待される総合型クラブの全国展開を最重点施策として推進し、できるかぎり早期に成人の週1回以上のスポーツ実施率を 50 パーセントとなることをめざすとしている。そして、2010 年までに全国の各市区町村において少なくとも1つは総合型クラブを育成し、各都道府県において少なくとも1つは広域スポーツセンターを育成するという目標をあげている。

広域スポーツセンターの機能としては、総合型クラブの創設、育成に関する支援、総合型クラブのクラブマネジャー・指導者の育成に関する支援、広域市町村圏におけるスポーツ情報の整備・提供などがあげられている。

（2）2012 年に策定された「スポーツ基本計画」

2011 年に制定されたスポーツ基本法に基づき、スポーツの推進に関する基本的な計画が策定された。今後5年間に総合的かつ計画的に取り組むべき施策の一つとして、住民が主体的に参画する地域のスポーツ環境の整備が掲げられている。その政策目標は、「住民が主体的に参画する地域のスポーツ環境を整備するため、総合型地域クラブの育成やスポーツ指導者・スポーツ施設の充実等を図る」とされている。また、早期に、成人の週1回以上のスポーツ実施率が3人に2人（65％程度）、週3回以上の実施率が3人に1人（30％程度）となることを目指すとしている。

総合型クラブについては、スポーツを通じて新しい公共を担い、コミュニティの核となれるよう、地方公共団体の人口規模や高齢化、過疎化等に留意しつつ、各市区町村に少なくとも1つは総合型クラブが育成されることを目指すとしている。さらに、総合型クラブがより自立的に運営することができるようにするため、運営面・指導面において周辺の地域クラブを支えることができる総合型クラブ（「拠点クラブ」）を広域市町村圏を目安として育成すると述べている。

成人のスポーツ実施率は、総合型クラブ育成の効果もあって着実に伸びている。近年における成人の実施率（週1回以上・週3回以上）は次のようになっている。1994（平6）年 29.9％・13.3％、2000（平12）年 37.2％・18.2％、2006（平18）年 44.4％・21.7％、2012（平24）年 47.5％・24.4％、2018（平30）年 55.1％・27.8％（平成 30 年度文部科学白書による）

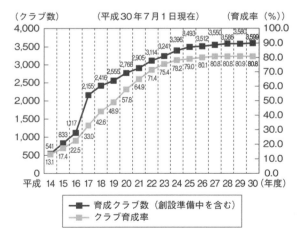

※総合型地域スポーツクラブ数については、創設準備中を含む。
（文部科学省・スポーツ庁「総合型地域スポーツクラブ育成状況調査」結果に基づき集計）

図1　総合型クラブの設置状況

【総合型クラブ育成の背景】

スポーツは人々の心や身体の健全な発達を促し、活力を与えてくれるとともに、健康で豊かなライフスタイルを構築し、生きがいのある社会の形成に寄与する役割を担っている。生涯スポーツ社会の実現の有力な方策として構想されたのが「総合型クラブ」である。

・国民の健康意識の高まりによるスポーツニーズの増大の受け皿として期待

・長寿社会において、スポーツは生きがいや学習の内容となったり、仲間づくりに有効であること

・増大する医療費の抑制が喫緊の課題となっており、スポーツの実施率によって、健康レベルや医療費に差があることが明らかになってきたこと

・これまでの学校・企業を中心としたスポーツ活動ではニーズの充足には限界があり、生涯にわたってスポーツを行っていくためのシステムとして不十分となってきたこと

・小学校、中学校、高校、大学、社会ごとにスポーツ活動の場を変えていく分断・落ちこぼれ型は生涯スポーツ社会のシステムに合致しない面があること

・スポーツをする子としない子の二極化が進行しており、誰でも自分のニーズに応じて活動できる機会が必要となってきていること

・地域における人間関係が希薄化しており、それによる問題が生起している。スポーツ活動を通した地域の再構築が求められていること

このような背景から、国（文部省）は1995年に「総合型地域スポーツクラブ育成モデル事業を開始した。補助金は国から650万円、地方自治体から650万円の計1300万円で、3年間の育成事業であった。この事業の成果が政策に生かされることとなった。2003年までこの国の事業は続いた。

【総合型クラブの特徴】

（1）以前の地域スポーツクラブの特徴

総合型クラブと対比して捉えると次のような特徴をあげることができる。

①単一種目で、クラブというよりチームの性格を持つ集団が多い。チームは活動の中心を試合に置いているのに対し、クラブは多様なレベルの会員がおり、いくつかのチームを内包している。

②年齢別、性別の少人数の会員からなる集団が多い。試合を第1の目的にすると、同世代・同性で、人数の少ない集団となってしまう。

③未登録で、任意の集団も多い。指導者のいないケースも多く、計画的に活動が行われていない。また、自分達さえ活動ができればいいという私益的な集団も多い。

④自主的に活動するのではなく、どちらかというと他者依存の集団が多い。

⑤少人数で、仲良しグループで、地域住民に閉鎖的なため定着性が弱く、集団ができてもしばらくすると消滅していくケースも多い。

（2）総合型クラブの基本的特徴

①複数の種目が用意されていること。総合型クラブが地域に定着・発展していくためには、プログラム（活動内容）が充実していることが大切である。住民のニーズや地域性に対応したプログラムの開設は、多くの住民の加入を可能にし、会員間の交流を促進する。会員が複数種目（例えばエアロビクスとバドミントン）を行えるようにしたり、サークル単位での活動だけではなくクラブ全体でのイベントを行うなどの多様なプログラムを工夫していくことも必要である。会員だけでなく、会員以外にも開放するプログラムもあればよい。

②地域の誰もが年齢、興味、関心、体力、技術、技能レベルなどに応じて活動できること。地域に住む人々すべてに開かれたクラブとなる工夫やアイデアが必要である。

③活動拠点となるスポーツ施設を持ち、定期的、継続的なスポーツ活動を行うことができること。施設は活動の重要な要素であり、行政と協議して利用可能な施設を少しずつ増やしていく。クラブの事務所・窓口・会議室としてのクラブハウスも必要な施設である。

④個々のスポーツニーズに応じたスポーツ指導が行われること。ニーズの多様化に対応した活動を行っていくためには、多くの有能な指導者が必要である。地域内でその確保したり、必要であれば養成に取り組まねばならない。

⑤スポーツ活動だけでなく、他の文化活動も準備され

ていること。音楽、美術、ものづくり、料理、生け花などのスポーツ以外の文化活動を含むことで、住民により多くの活動を提供でき、人々の交流が多様化していく。

（3）クラブの運営

①住民が自主的に運営すること。クラブは住民の自治的・自立的な活動を基本とする。したがってその運営は、住民の協力による自主運営が基調となる。総合型クラブを行政が育成・支援するという構造が強くなり過ぎると、行政依存の運営になってしまう。要は、行政の支援自体が問題ではなく、クラブの自主性・自立性を喪失することなく、それをクラブの運営にうまく活かしていくことが大切である。運営に関するリーダーやスタッフの充実も必要である。

②住民に開かれた運営をすること

住民が関わりやすい運営をしていく。住民のニーズを可能な限りキャッチし、サークルづくり、活動内容や方法、広報活動、リサーチなども住民目線に立つことも大切である。

③自主財源を主として運営すること

クラブが自主運営され、多様な活動を行っていくためには、財源を明確にしておく必要がある。できるだけ自主財源を中心に運営したいものである。行政等の補助金は当初はあっても、将来的に当てにできるものではない。クラブ発足時期から自主財源にシフトしておく必要がある。補助金がつかなくなり、クラブ会費の値上げをすると混乱を招くことになる。財源としては会費の他に委託事業、施設の指定管理、バザー、イベントによる収益、広告、寄付等による収入などがある。

④クラブとしての理念を共有すること

クラブが住民に支持され定着していくためには、その意義や必要性が住民に理解されることが重要である。クラブのミッション（理念、使命）とビジョン（将来構想、計画、展望）を明確にし、会員がそれを共有するとともに、わかりやすく住民に提示することが求められる。

【総合型クラブ育成のメリット】

総合型クラブが地域で発展していくとどのような効果が現れてくるのだろうか。次のようなことが期待される。

①住民におけるスポーツの生活化

子どもから高齢者まで地域に住む人々に開かれたクラブは、スポーツを行う機会を提供する。また、人々の生涯にわたるスポーツの場となっていく。

②地域の生涯学習環境の向上

スポーツやスポーツ以外の文化活動は生涯学習の場でもあり、これからの長寿社会において、人々が元気に生きいきと暮らしていく助けとなる。

③地域の健康水準の向上と医療費の軽減

スポーツ活動は、健康水準の向上および医療費の軽減に効果があることが示されている。地域全体でその効果が出てくると、人々の暮らしや負担においてもよい影響が出てくる。

④青少年の健全育成

青少年にスポーツや文化活動の機会を提供し、この時期に仲間や地域の人々と交流しながら活動することは意義がある。塾やおけいこごとで部活動には参加できない子ども、部活動を退部・引退した子どもの受け皿ともなる。

⑤地域住民の世代を越えた交流

クラブでの活動（サークル活動、イベント活動など）を通して、世代を越えた交流が可能となる。子どもと高齢者が挨拶や声掛けをしたり、地域の人々が身近な存在になっていく。とくに今後増加していく一人暮らしの高齢者にとっては、その効果は大きい。

⑥地域への愛着心の涵養

クラブでの日常的な活動、仲間との楽しい活動、ともに励まし合う活動などは、地域を基盤とした人々の交流から生み出されたものである。当然、その地域への愛着心が生み出されていくことになる。

⑦地域の伝統文化の継承

地域の伝統文化は現在瀕死の危機にある。あるいは、すでに過去の遺物となったものも少なくない。その地域で長く継承されてきた伝統文化が、過疎化・高齢化、担い手不足などが深刻化してきており、継承が困難となってきている・・・保存会という組織を立ち上げその継承が図られているが、年々厳しくなってきている。お祭り、神事、神楽、芸能、習慣

など多種にわたる。すべてを残していくことは困難であるが、少なくともその地域のコアとなってきた伝統文化は継承していきたいものである。スポーツは新しい文化として捉えることができる。古い文化と新しい文化の葛藤によって、文化の交代が起こっている。総合型クラブという新しい文化の担い手が、伝統的な文化の担い手ともなるということも可能である。他の関係団体と連携をとり、クラブのプログラムに組み込むアイデアが期待される。

【総合型クラブ設立の手順】

行政の支援を受けながら、地域住民が主体となって創る総合型クラブ設立の基本的な手順を説明する。設立の方法は多種多様であることを予めことわっておく。

（1）現状の把握

地域の人口、健康水準、スポーツニーズとスポーツ実施率、スポーツ施設・指導者・団体やサークル・活動プログラムなどのスポーツ環境などについて把握し、課題を確認する。

（2）クラブつくりのマスタープランの策定

住民の代表と行政の協議によって、クラブつくりの中・長期計画と年次計画を立てる。クラブの設立にはおおむね3～4年を必要とする。

（3）地域住民及び既存のスポーツ団体等の理解の促進と推進グループの形成

設立準備委員会の主要メンバーとなる人材の発掘と推進の核となるグループを形成することが必要である。そのグループが中心となって、①地域におけるスポーツ推進に対する意識を醸成していく。広報や説明会などでわがまちの現状、総合型クラブの意義や必要性について話し合い、理念・意義の共有化を図る。②地域の既存のスポーツ団体等への理解を進める。これからの地域のスポーツのプランやビジョンについて話し合いをすることから、共通理解を得るようにする。

（4）設立準備委員会の結成と活動

住民や団体との話し合いを踏まえて、総合型クラブの設立の準備委員会を組織する。メンバーは推進グループの他に施設、指導者、財務、広報等の面で人材が必要となる。できれば行政はオブザーバー的な参加が望ましい。

会費等の恒常的な収入が得られるまでの当面の活動資金の確保も検討する。準備委員会の主な役割としては①設立趣意書や各種規約等の作成、②クラブの基本的な枠組みの決定（組織体制、活動拠点の確保、事業計画の策定、予算と資金の計画）、③指導者やスタッフの募集・委嘱、④会員の募集方法の決定、⑤発起人会の開催、⑥設立総会の準備、⑦事務局体制の確立、⑧先進事例の調査、⑨クラブ設立後の運営組織である運営委員会の構成案など、多くの役割や活動がある。

（5）設立総会の開催

設立総会を開催することは、地域に対してクラブの設立を宣言し、クラブの認知を促すイベントともなる。また、会員のつながりやクラブの公共性を改めて確認することにもなる。

クラブの設立した後にも、「クラブの円滑な運営」について運営委員会を中心に考えていくことが必要である。

【さらに学びを深めるためのポイント】
1．自分が生まれ育った地域のスポーツ環境について考えよう。
2．自分が生まれ育った地域の総合型クラブについて考えよう。

【参考文献】
1）文部省：スポーツ振興基本計画　2000年
2）稲田俊治：地域スポーツの必要性と可能性．稲田編．これからの地域スポーツを考える．中島出版印刷．2007年
3）文部科学省：クラブつくりの4つのドア　2001年
4）（財）日本体育協会：総合型クラブ創設ガイド．2008年
5）文部科学省：スポーツ基本計画　2012年
6）文部科学省：平成30年度文部科学白書　2019年

稲田俊治：聖カタリナ大学　人間健康福祉学部　健康スポーツ学科　教授

生涯スポーツ

【キーワード】 ライフステージ　 スポーツライフ　 主体的条件　 客体的条件

【学習のポイント】
　１．人々にとってのスポーツの意味
　２．スポーツ活動に必要な条件
　３．自分が行ってきたスポーツ活動の具体的条件

【生涯スポーツの基本的とらえ方】

　生涯スポーツは、人々が生涯にわたり必要や欲求に応じて行うスポーツの存在形態を意味する。個人的な側面では、人々が生涯を通じて、各ライフステージで継続してスポーツと親しんでいくことであり、社会的な側面においては、そのような機会と条件を整備することを意味する。

　今日、子どもから高齢者まで、性や年齢、興味、障害の有無などを問わず多くの人々がスポーツに関わる（する、見る、支える）ようになってきた。その社会的背景として、自由時間・所得の増加などの生活構造の変化、運動不足・ストレス・生活習慣病等の各種疾患などの健康阻害の増大、医療の発達等により寿命が延びたこと、仕事だけではなく趣味や健康を大切にしようとする生活意識の変化などの要因が考えられる。

　わが国で「生涯スポーツ」が論じられるようになったのは 1970 年代の中頃からであるが、欧米では 1960 年代からすでにスポーツを重要な生活文化としてとらえ、人権問題として、社会がそれを保証することを強調する傾向があった。スポーツが生涯教育（学習）の体系のなかに他の文化領域と同等の位置を与えられ、尊重される契機となったものとして、ポール.ラングランの『生涯教育入門』があげられる。彼は次のように述べている。

・身体活動ないしはスポーツ活動は、一生を通じてほんの短期間においてのみ行われるという考えを捨てなけねばならない。

・スポーツを単に筋肉だけに限らず、また、他の文化から独立させることなくあらゆる人々の知的、道徳的、芸術的、社会的、市民的活動と結びつけ、そしてスポーツと生涯教育全体をうまく統合しなければならない。

　このことを基底として考えると、生涯スポーツの理念として以下のことがらをあげることができる。

　①ライフサイクルの全体（生涯）を通じて行われる水直的に統合された活動であること。人間の一生は乳幼児期、青少年期、成人期、高齢期などのライフサイクルから成っているが、生涯を通じ、必要や欲求に応じてスポーツに親しむことが大切である。

　②ライフサイクルのそれぞれの時期で、他の社会的、文化的活動との関連のなかで行われる水平的に統合された活動であること。あるライフステージには、その時期に特有な社会的・文化的活動が存在し、それに対応した生活構造となる傾向がみられる。それぞれの時期でスポーツを生活のなかへ取り入れていくためには、他の活動との積極的関連や調和を図っていくことが大切である。

　③生涯にわたる人間形成と自己実現のために行われる立体的に統合された活動であること。人間は生きがいを感じる存在であり、同時に生きがいを求める存在でもある。学習に主体的に取り組む人は、生きがいの追求を学習の目的や動機としており、それは自己実現に他ならない。

　④単なる手段的価値、また単なる目的的価値に立脚するのではなく、両者が統合された活動であること。スポーツの手段的価値はスポーツを行うことによってもたらされる効果（外在的価値）であり、目的的価値はスポーツを行うことそれ自体のなかに存在する楽し

みや喜びといった価値（内在的価値）である。生涯にわたってスポーツと親しんでいくためには、両方の価値を正しく認識し、実施する内容や方法を工夫しなければならない。

　⑤単なる筋肉的活動や一面的な身体の機能化ではなく、知的、理性的、感性的な統合的経験の基盤としての身体の全面的な開発に繋がる活動であること。これまでわが国のスポーツを取り巻く状況のなかで、手段的・有用的・二次的側面が強調され文化的・目的的側面が軽視されてきた。スポーツは何らかの困難を対象として、人間の身体的諸能力を行使し、その可能性を広げ意味ある体験や特有の人間的経験を享受する文化として認識され、実践されなければならない。

　⑥人々が生涯を通じて上記のようなスポーツ活動が行えるように、社会は条件整備等の社会的配慮を行うこと。人々が生涯にわたってスポーツに親しんでいくためには、個人の努力のみでは実現が困難であり、長期にわたる社会による積極的な啓蒙活動や条件整備が必要である。

【生涯スポーツと人間的活力・発達課題】
　E.H. エリクソンによれば、人間は生涯にわたって自らのアイデンティティを追求する存在である。アイデンティティは「自分自身であること」の意識的感覚であり、自己の連続性・単一性・独自性・個性などを示すものである。人間のライフサイクルを通じて、心理社会的な発達や人格が段階的に形成されていく。各ライフステージには人間的活力の形成と発達課題の達成があり、スポーツ活動においても各危機を乗り越え、それを達成し成長していくことが求められる。各ライフステージの人間的活力と主な発達課題を示しておく。
①乳児期（～2歳ごろまで）
　人間的活力：希望　人間や世界への希望・楽観であり、母親への信頼によって形成される。信頼＞不信の関係が大切
　発達課題：感覚運動的知能と原始的因果律　感覚的・運動的機能の成熟
②歩行期（2歳ごろ～4歳ごろ）
　人間的活力：意志　意志という人間的強さが発達しなければならない。自分一人でしたことがうまく

いったとき自律感育つ。失敗の経験は恥じらいの感覚や疑惑という不信の感情を生む。自律性＞恥・疑惑の関係が大切
　発達課題：移動能力の完成　言語の発達　セルフコントロール
③幼児後期（4歳ごろ～7歳ごろ）
　人間的活力：目的　価値ある目的を想定し追求しようとする勇気　両親との同一視は、自己の理想や道徳的規範がパーソナリティに組み込まれる過程　積極性＞罪悪感の関係が大切
　発達課題：同輩集団との遊びによる、道徳的規範、認知的能力、身体的能力の発達
④学童期（7歳ごろ～12歳ごろ）
　人間的活力：有能感　自らの技能と知能とが自由に行使でき、自分には能力があると思える。　勤勉性＞劣等感の関係が大切　勤勉性は成功によって動機づけられ、失敗や失敗の恐れは劣等感を生み出す。
　発達課題：集団的協力　技能の習得　自己評価
⑤青年期（12歳ごろ～20代前半）
　人間的活力：忠誠　忠誠は集団的同一性から個人的同一性への発達を促進する内在的力　社会心理的モラトリアムの時期であり、様々な可能性を演じ、自分を発見・自覚していく。同一性＞同一性拡散の関係が大切
　発達課題：身体的成熟　仲間集団における成員性　道徳性の内在化　価値体系の矛盾がある中での同一性の確立
⑥成人前期（20代後半～30代まで）
　人間的活力：愛（献身の相互性）　自分と他者のアイデンティティを相互に危険にさらすことなく融合する能力　親密性＞孤独の関係が大切
　発達課題：結婚、家庭、仕事における仲間との相互性の確立　ライフスタイルの確立
⑦成人中期（30代～50代まで）
　人間的活力：世話　生まれたものに対する関心、気遣い、育成　子どもを産み育て、物づくり・文化面での社会貢献　生殖性（創造性）＞停滞の関係が大切
　発達課題：育児　家庭の経営　職業の管理
⑧成人後期（60代～）

人間的活力：英知　自分のライフサイクルの相対性、歴史性、尊厳の自覚から英知が生まれる。老化に伴い身体諸機能は低下するが、英知は内省という自己の再評価を通じて新しいエネルギーを方向づけ、人生に対する新しい展望を獲得させる。統合・完全性＞絶望の関係が大切

発達課題：老化に伴う身体変化に対する対応　新しい役割へのエネルギーの方向づけ　自分の人生の受容

【生涯スポーツの主体的条件と客体的条件】

生涯スポーツは、個人の側からは、生涯の各時期にわたって生活の中に位置づけ、健康で豊かな生活を営むために行われるスポーツ活動であり、社会の側からは、そのような人々のスポーツ活動を生涯の各時期に要求に応じて行えるような環境（条件）を整備することである。スポーツは個々人の自発的な活動が基本であるが、その活動が保証されるためにはきわめて大きな社会的な配慮を必要とする。ここでは、生涯スポーツの条件として、人々の主体的条件と社会の客体的条件について考えてみる。

（1）主体的条件

　1）生活構造

スポーツ活動を生活のなかに位置づけて行っていくためには、まずその人の生活構造（性、年齢、職業、所得、家族構成、余暇時間など）に合わせたスポーツの行い方を考えることが大切である。今日、性や年齢にかかわらず多くの人々がスポーツに親しむようになってきているが、それは性や年齢に応じたスポーツが工夫されてきたことと無関係ではない。職業は個人の生活時間構造や所得水準を規定する大きな要因であるし、活動の内容や時間、経費などとの関連が強い。所得はスポーツを行うための経済的条件となる。ウォーキングなどの経費のあまりかからない種目、ゴルフやスキー、民間のスポーツクラブへの加入などのように相当の費用を必要とするものもあり、その種目や行い方によっては大きな影響をもつ。

家族構成では、構成員の中にスポーツを行っている人や経験者がいる場合は、スポーツへの関心が高く実施へ向かうことが多くなる。ファミリースポーツと呼ばれる家族のふれあいができる行い方もある。余暇時間は制度的に確保されているが、それがスポーツ活動につながるかどうかは、スポーツ要求その他の条件による。

　2）健康や体力・運動能力

健康や体力・運動能力とスポーツ活動の実施の間には積極的な関係がみられ、それらの水準が高い者ほど実施率が高い。ある程度の身体活動や競争を含むスポーツでは、体力や運動能力が必要不可欠となるため、それらが低い人は活動を敬遠する傾向がある。健康状態の良い人はスポーツ活動によって一層良好な健康状態を維持できることになる。現代の長寿社会や健康重視社会では、ウォーキングなどの相手との競争のないスポーツの普及や軽スポーツなどのあまり体力・運動能力を必要としないスポーツの開発により、それらに自信のない人も積極的にスポーツに関わるようになってきた。さらに、健康を維持するだけでなく、健康を回復するためのスポーツも重要になっている。個々人の健康状態、体力、運動能力などに応じたスポーツの行い方を工夫することが大切である。

　3）スポーツに対する態度

生活構造や健康、体力、運動能力などよりも、よりスポーツの実施に直接的に影響する。スポーツ意欲やスポーツ意識の高い人は、時間的条件を積極的に確保するだろうし、自分に合ったスポーツの行い方に努めることになる。スポーツに対する好意的態度あるいは嫌悪的態度は、その人の過去のスポーツ経験に関わってつくられたものといえる。その人の個人的属性、影響を受けた重要な他者、経験したスポーツ場面などととくに関連が強い。すべての人が共通に体験する学校体育、とくに体育授業のもつ意味は大きいといえる。

（2）客体的条件

スポーツの多様化とともに、スポーツの客体的条件（プログラム、施設、指導者、クラブなど）も多様化が必要不可欠となってきている。

　1）プログラム

プログラムはスポーツ活動の具体的内容であるが、基本的には人々のニーズを反映したものとなっているかが問題である。人々のニーズはますます多様化してきており、より多様なプログラムが必要となる。プロ

グラムのタイプには次のようなものがある。

・活動が勝敗や競争に向けられた競技プログラム
・結果よりも活動自体を楽しみ、活動そのものの喜びを味わうことができるように設定されたレクリエーションプログラム
・健康・体力の維持増進を直接的なねらいとしたトレーニングプログラム
・技能や体力などについて、その現状や問題点を明らかにするためのテストプログラム
・正しいスポーツの行い方（知識、技能、態度など）などを身につけるために、学習という形態で行われる学習プログラム
・学習や練習の成果を発表する機会としての発表プログラム

　これらのプログラムと人々のニーズを結びつけ、さらにいくつかのプログラムを組み合わせてみることも効果的である。また内容が技能の習得のみに偏るのを避け、知識や態度についての内容も積極的に取り入れ、機器も必要に応じて活用すべきである。

　2）施設
　スポーツ施設は運動広場、コート、体育館、プール、学校開放施設、公民館、公園、自然環境施設、ウォーキングコース、民間施設など多種多様である。これらの施設の位置、空間配置、規模、実施可能種目、施設内容、管理運営の方法、利用システム、利用者や団体などの項目について量的質的な面から把握し、人々のスポーツ活動を推進していくような工夫が必要である。生涯スポーツの推進という観点から、いくつかの点をあげてみる。

　①スポーツ施設といっても、種目、技能水準、グループの規模、活動の内容や方法などによって必要とする施設は異なる。ある一定の地域にいくつかの異なる施設が存在し、人々のスポーツニーズをほぼ充足できるようにすることが望ましい。規模の大きな施設や特殊な施設は、広い範囲の利用圏を考慮する必要がある。これらの施設が相互の連携をし、施設ネットワークをつくりあげることが大切である。

　②スポーツを生活の一部としていくためには、人々の生活空間、生活時間、ニーズを考慮した施設づくりや施設運営をしていくことも必要である。

　③単なる活動のための場としてだけではなく、活動を豊かにするさまざまな文化的営みを保証する場、人と人との豊かなふれあいが保証される場とすることが大切である。

　④多様な利用形態が可能になるような利用システムの工夫・開発をしていくことも必要である。

　⑤施設数を増やすことと同時に、施設を効率的・効果的に利用していく努力が、管理者と利用者双方に必要である。

　3）指導者
　生涯スポーツは、多様な対象や多様な内容を前提としており、必然的に指導者の種類や役割も多様化してきている。複数の指導者による役割分担が必要不可欠である。指導者の性、年齢、指導種目、指導経験、保有資格、指導時間、指導内容、指導対象などの指導者の特性や実際の指導活動から、指導者のネットワークをつくり、相互に連携をとり、生涯スポーツの推進をめざして、情報交換や資質の向上のための研修なども積極的に行っていくことも大切である。

　スポーツ基本法によって制度化され、地域に配置されているスポーツ推進員は、スポーツ指導だけではなく経営的な指導者として、指導者組織の調整者として位置づけられなければならない。地域のスポーツの実情に明るく指導者組織を調整していける人が望ましい。

　4）仲間（クラブ）
　スポーツを実際に行うためには、プログラム、施設、指導者、仲間（クラブ）などの条件が必要である。これらの条件を個々人が整えることはきわめて困難である。また集団スポーツにおいては、練習やゲームを行うのには一定の人数を必要とするし、個人的スポーツでも仲間がいた方が楽しく活動でき、継続しやすい。クラブはスポーツ活動に必要な諸条件を満たし、楽しく、継続的にスポーツ活動を行っていくうえで重要な機能をもっている。クラブの会員や関係者との交流を通じて親睦を深めたり、連帯感を育成するといった機能も期待できる。クラブは一般に次のような特徴をもつとされる。

・スポーツ活動という共通の目的をもった自発的な集団である。

・会員が明確であり、活動が定期的・継続的に行われている。

・会員の役割が分担され、運営が規約や会則に基づいて組織的におこなわれている。

・活動場所や拠点が確保されており、活動経費は会費などによって確保されている。

・会員の自由意志により、加入・退会が可能である。

・活動を通じて会員相互の交流がある。

　スポーツの生活化を図っていくうえで、クラブへの加入は重要なポイントであり、基礎的条件の整ったクラブを育成していくことが大切である。

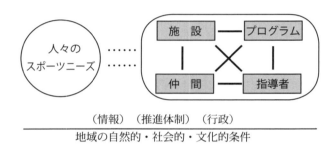

（情報）　（推進体制）　（行政）
地域の自然的・社会的・文化的条件

図1　生涯スポーツの主体的条件と客体的条件

【スポーツライフの４期区分】

　わが国において「生涯スポーツ」という用語が公的に使われるようになったのは、1981年の中央教育審議会答申「生涯教育について」の中で用いられて以降である。その後、この用語は社会で一般化・共有化され、これからの社会は生涯スポーツの時代と言われるようになった。

　1997年の保健体育審議会答申「生涯にわたる心身の健康の保持増進のための今後の健康に関する教育及びスポーツの振興の在り方について」において、生涯にわたる豊かなスポーツライフを実現していくためには、生涯を通じて主体的にスポーツに親しむ態度や習慣をどのように定着・発展させるかという観点から、各ライフステージとスポーツとの望ましい関係を4期区分で示している。

　1）スポーツライフスタイルの萌芽期（乳幼児期・児童期）

　生涯にわたって健康や体力を保持増進していくための基礎を培い、健康的な生活習慣を身につけるとともに、文化としてのスポーツとの出会いを大切にし、その担い手としての芽を育成していく時期である。

　2）スポーツライフスタイルの形成期（青年期前期・後期）

　多様なスポーツを体験し、生涯にわたってスポーツに親しんでいくスポーツ習慣を形成し、その定着を図る時期である。

　3）スポーツライフスタイルの充実期（壮年期・中年期）

　社会人として時間的制約も多くなり、スポーツ活動から遠ざかる傾向が強まるが、日常生活の中で個人の興味・関心・年齢・体力等に応じて主体的、規則的に運動・スポーツ活動を実践することが求められる時期である。

　また、親として、子どもとの実践・体験を通じて、野外活動やレクリエーション活動を含む運動・スポーツ活動の楽しさなどを子どもに伝えていくとともに、健康的な生活習慣の基礎を培っていく時期でもある。

　4）スポーツライフスタイルの享受期（老年期前期・後期）

　老化による身体機能の低下はあるものの、人間としての精神的な活動が引き続き行われる時期であり、肉体的な制約条件を受け入れつつ、増大する自由時間を有効に活用しスポーツを主体的に楽しむことができる時期でもある。

　各スポーツライフスタイルの時期をさらに具体化した内容の例を表1に示す。

【さらに学びを深めるためのポイント】
1．各スポーツライフの時期とスポーツ条件の違い
2．自分の生涯スポーツの計画立案

表1 ライフステージと生涯（ライフ）スポーツ

		考え方	キーワード	おすすめの実現方法	
子ども 0〜12歳頃		スポーツ・ライフの「萌芽期」 子どもらしい自己表現・「有能感」（僕はデキル）	様々な遊び体験 ファミリーでスポーツを 大勢の仲間と自然の中・「外」で思いっきり楽しく遊ぼう	・安全・安心・信頼できる身近な場所で、様々な「運動遊び」を体験しよう（全身を使って）。 ・家族や3世代のファミリーで・スポーツで、「愛」と「存在」を確認しよう。 ・たまには遠出して、ファミリー・キャンプもいい。 ・校庭での「自由遊び」：ドッジボール、鬼ごっこ、ブランコ。 ・ランドセルを脱ぎ、友達と、自由に、外で遊ぼう！ ・地域の異年齢の仲間と「自然遊び」：山・川・海へ。 ・家庭・学校・地域が連携した（一体となった）遊びや遊戯スポーツの「時間」「空間」「仲間」の大人による「しかけ」。 ・仲間との自然体験学習で生きる力を育もう。	総合型地域スポーツクラブ
青年 13〜25歳頃		スポーツ・ライフの「形成期」 「若いアイデンティティ」の形成	様々なスポーツ体験 可能性の追求 技術の向上 好きな・得意なスポーツをつくろう	・学校体育で「豊かなスポーツ・ライフ」を形成しよう。 ・小学校の高学年頃から、様々なスポーツを体験し、その中から自分にあったスポーツを選択していこう。 ・スポーツの楽しさ・おもしろさを体験しよう。 ・仲間との交流を大切にするスポーツもいい。 ・青年期は「役割実験」の時期。夢中になってスポーツに没頭しよう。イチローのように競技で自己実現（自分・世界探し）するのも、また、いい。 ・学校の運動部や地域のスポーツクラブで実践しよう。 ・文武両道（多少とも「傾く」のが人間です）。 ・自分なりに打ち込んだ、大好きなスポーツを自分なりに実践しよう！	
成人 20代後半〜60歳頃		スポーツ・ライフの「充実期」 「愛」 「世話」	ライフをエンジョイしよう 健康運動の主体的・継続的実践 総合型地域スポーツクラブで地域の仲間と共に	・体力に応じた健康運動を日常、規則的に実践しよう。 ・ウォーキング、ジョギング、水泳などの軽運動がいい。 ・好きな・得意なスポーツを継続的に実践しよう。 ・家庭・職場・地域で、主体的なスポーツ・ライフをつくっていこう。 ・ファミリー・スポーツを忘れずに。 ・民間のクラブで、快適でスポーティーなライフスタイルを持つのもいい。 ・地域スポーツ（地域の仲間との主体的なクラブ生活）をエンジョイしよう。総合型地域スポーツクラブは「第二の家」（居場所）です。「お気に入りの」スポーツを、気のあった仲間と、自分らしく実践しよう。 ・家庭・学校・地域で、リーダーシップを発揮しよう！	
シルバー・実年・熟年 60歳〜		スポーツ・ライフの「享受期」 「英知」 （本当のアイデンティティ）	健康寿命をのばそう 自立したライフスタイルを仲間と 自分らしい生きがいを持とう	・夫婦で、仲間と、アクティブな健康生活を楽しもう。 ・体操、ウォーキング、水泳などの軽運動もいい。 ・無理をせず、これまでの「英知」を生かし、楽しく実践しよう。 ・家に引きこもらずに、プラス志向で社会参加しよう。 ・「ビーイング（Being）」、すなわち、「生きていること（to be）＋共に在ること（to be with）」の偉大さ・ありがたさに感謝し、それを享受しよう。 ・仲間と共存する「ビーイング・スポーツ」を！ ・好きな・得意なスポーツを継続的に実践しよう。 ・自分らしいスポーツの意味を持とう。 ・地域の仲間に「知恵」を貸そう。 ・介護生活が始まっても、「リハビリ運動」と「生きる喜び」を！	

出所：日下裕弘（2012）「生涯スポーツ」『よくわかるスポーツ文化論』P.169

【参考文献】
1）文部省　保健体育審議会答申「生涯にわたる心身の健康の保持増進のための今後の健康に関する教育及びスポーツの振興の在り方について」 1997年
2）稲田俊治：生涯スポーツ. 木村編. 健康と現代生活. 朝倉書店. 1993年
3）ラングラン.P. 波多野完治訳：生涯教育入門. （財）全日本社会教育連合会. 1971年
4）日下裕弘：生涯スポーツ. 井上編. よくわかるスポーツ文化論. ミネルバ書房. 2012年
5）ニューマン.B.M・ニューマン.P.R：福富護訳（1984＝1988）新版生涯発達心理学—エリクソンによる人間の一生とその可能性. 川島書店

稲田俊治：聖カタリナ大学　人間健康福祉学部　健康スポーツ学科　教授

著者一覧 (アイウエオ順)

青木　謙介　聖カタリナ大学人間健康福祉学部健康スポーツ学科　講師
　　　　　　専門分野　スポーツ医学　アスレティックトレーニング学　野外教育学

稲田　俊治　聖カタリナ大学人間健康福祉学部健康スポーツ学科　教授
　　　　　　専門分野　スポーツ社会学

大城　卓也　聖カタリナ大学人間健康福祉学部健康スポーツ学科　助教
　　　　　　専門分野　経営組織学　体育・スポーツ行政学　野球

桂　　和仁　聖カタリナ大学人間健康福祉学部健康スポーツ学科　教授
　　　　　　専門分野　スポーツ心理学　臨床心理学　教育心理学

栗田　昇平　聖カタリナ大学人間健康福祉学部健康スポーツ学科　准教授
　　　　　　専門分野　体育科教育学

斎藤　拓真　筑波大学体育系　特任助教
　　　　　　専門分野　体育科教育学　バスケットボール

鈴木　茂久　聖カタリナ大学人間健康福祉学部健康スポーツ学科　講師
　　　　　　専門分野　スポーツ医学　サッカー　アスレティックトレーニング学

曽我部敦介　聖カタリナ大学人間健康福祉学部健康スポーツ学科　准教授
　　　　　　専門分野　武道（剣道）　レクリエーション

中川　雅智　聖カタリナ大学人間健康福祉学部健康スポーツ学科　助教
　　　　　　専門分野　学校保健学　公衆衛生学　運動生理学

松波　　勝　聖カタリナ大学人間健康福祉学部健康スポーツ学科　教授
　　　　　　専門分野　運動生理学　トレーニング科学　コーチング学

ロウ・リンダ・クリスティン　聖カタリナ大学人間健康福祉学部健康スポーツ学科　教授
　　　　　　専門分野　言語学　社会学

山本万喜雄　聖カタリナ大学人間健康福祉学部健康スポーツ学科　教授
　　　　　　専門分野　学校保健学　健康教育学

大学生のための健康・スポーツの基礎知識

2020 年 3 月 20 日　第一刷発行

編　著　青木謙介　曽我部敦介

発行者　大早友章

発行所　創風社出版

〒 791-8068 愛媛県松山市みどりヶ丘 9 － 8
TEL.089-953-3153 FAX.089-953-3103
http://www.soufusha.jp/ 郵振 01630-7-14660

印刷　㈱松栄印刷所　　製本　㈱永木製本

定　価＊本体 1500 円＋税

printed in Japan　　　　　ISBN 978-4-86037-288-0